왜 잔 다르크는 백년전쟁을 이끌었을까?

25
역사공화국
세계사법정

교과서 속 역사 이야기, 법정에 서다

잔 다르크 vs 피에르 코숑

왜 잔 다르크는 백년전쟁을 이끌었을까?

글 박용진 · 그림 이일선

주│자음과모음

평범한 시골 처녀에서 일약 구국의 영웅이 된 소녀, 이것이 잔 다르크에 대한 일반적인 평가입니다. 우리나라처럼 식민 지배를 받았던 나라에서 조국을 구한 소녀의 이야기는 흥미를 끌 만한 소재이지요. 더욱이 우리에게는 유관순이 있지 않습니까! 그래서인지 우리에게 잔 다르크는 애국 소녀로서 친숙하게 다가옵니다. 그러나 그녀의 조국인 프랑스에서 잔 다르크는 시대에 따라 다양한 모습으로 비쳐졌고, 세계적으로도 지역에 따라 다른 모습으로 받아들여지고 있습니다. 잔 다르크가 살았던 중세 프랑스에서 그녀는 마녀로 화형을 당했습니다. 프랑스 사람들에게는 영국군을 물리치고 프랑스를 구한 사람이지만, 영국이 영향력을 행사한 종교 재판에서는 마녀가 되었던 것이지요. 그 후 마녀를 면하기는 했지만, 중세 이후 합리주의 시대에는 가톨릭 광신도라는 딱지가 붙었습니다. 나폴레옹 시대에는 '여자 나폴레옹'으로 추앙받았으며, 19세기에 혁명을 거치면서 민중의 딸로 자리 잡게 되지요. 19세기 말과 20세기 초에 걸친 여러 차례의 전쟁 때는 조국을 수호해야 할 필요에 따라 민족주의의 화신이 되었으며, 제2차 세계 대전 이후에는 잔 다르크가 국민 통합의 표상이 되기도 했습니다. 그러나 오늘날 프랑스에서 잔 다르크는 인종주의를 내세운 정파의 표상이기도 하지요.

잔 다르크는 세계적으로도 이름을 알렸는데, 미국에서는 노예 해방의 전사이자 역경을 딛고 일어서서 국가에 헌신하는 인물이 되기도 했습니다. 가장 놀라운 대비는 한국과 일본일 것입니다. 한국에서는 일찍이 1907년 장지연의 신소설에 잔 다르크의 이야기가 등장하며, 급기야 1919년에는 한국의 잔 다르크로 불리는 유관순이 나타나서 조국의 해방을 외쳤습니다. 그런데 잔 다르크는 19세기 말 일본에서도 유명했습니다. 그 당시 메이지 유신 이후 일본에서 필요했던 것이 잔 다르크가 보여 준 '국왕과 조국에 대한 충성'이었기 때문이지요.

세계에 이처럼 엇갈리는 평가를 받으며 다양한 방식으로 선전에 이용되는 인물이 달리 있을까요? 이러한 다양성의 이면에는 사회적 필요와 정치적 의도가 있게 마련입니다. 결국 영웅은 원래 있는 것이 아니라 만들어지는 것이라고 할 수 있지요. 그러므로 이러한 다양한 측면을 살펴보기 위해서, 이 책에서는 가장 극단적인 견해 두 가지를 원고와 피고로 나누어 살펴보고자 했습니다. 물론 잔 다르크

에 대한 모든 평가를 담을 수는 없었습니다. 잔 다르크에 대한 평가
에 앞서서 우선 그와 관련된 정확한 사실을 알아야 하기 때문이지
요. 따라서 이 책에서는 일단 잔 다르크가 활약했던 시대에 초점을
맞추고, 그 이후 평가에 대해서는 마지막 부분에서만 설명했습니다.
'영웅이란 만들어지는 것'이라는 말을 염두에 두고 이 책을 본다면,
잔 다르크에 관한 사실이 무엇이며 그것이 후세에 어떻게 활용되는
가를 살펴볼 수 있을 것으로 생각됩니다.

박용진

차례

플랑드르 지방의 모직물 공업을 누가 지배할 것인
가와 프랑스 왕위의 계승과 관련하여 영국과 프
랑스는 100여 년간 전쟁을 벌였다. 1337년부터
1453년까지 계속된 이 전쟁을 백년전쟁이라고 하
는데, 잔 다르크의 활약으로 프랑스가 승리하게 된
다. 농민의 딸로 태어난 잔 다르크는 '프랑스를 구
하라'는 신의 계시를 받았다고 전해진다.

중학교   역사

VIII. 다양한 문화권의 형성
　4. 유럽 세계의 형성과 발전
　　(3) 게르만 족, 로마 가톨릭교회와 손잡다

백년전쟁은 프랑스의 발전에 두 가지
이득을 주었는데, 그중 하나는 영국으
로부터 영토를 회복하였다는 것이고,
다른 하나는 잔 다르크로 상징되는 새
로운 국민 의식이 싹텄다는 것이다.

백년전쟁의 후반기에 잔 다르크가 나타나 프랑스군의 사기를 고취하여 전세를 역전시켰다. 백년전쟁 결과 프랑스 인의 애국심이 고양되고 중앙 집권 국가 형성이 촉진되었다.

장원제는 12세기부터 붕괴하기 시작하였는데, 이 과정에 속도를 더해 준 것은 흑사병이었다. 흑사병은 유럽 인의 약 3분의 1을 희생시켰고, 노동력 부족은 농노의 신분 상승의 기회가 되었다. 더욱이 이 시기는 백년전쟁을 통해 전통적인 귀족들의 기병대들의 우월성이 감소하던 시기이기도 하였다.

1231년 몽골의 제1차 침입

1270년 삼별초의 대몽 항쟁

1274년 고려 · 원 연합군의 제1차 일본 원정

1359년 홍건적의 침입

1388년 이성계, 위화도 회군

1392년 고려 멸망, 조선 건국

1394년 한양 천도

1416년 4군 설치

1434년 6진 설치

1441년 측우기 제작

1446년 훈민정음 반포

등장인물

<u>원고</u> **잔 다르크 (1412년~1431년)**

프랑스 로렌 지방에서 나고 자랐어요. 백년전쟁 중 프랑스의 패배가 짙어지던 때에 하느님께서 내게 프랑스를 구하라고 명령하셨어요. 영국에 맞서 싸워 전세를 역전시키고 프랑스를 구했지요.

원고 측 변호사 **김딴지**

역사 하면 국내외를 막론하고 나 김딴지 아니겠습니까? 프랑스의 유관순 잔 다르크도 날 알아보고 이번 사건을 맡겼네요.

피고 측 증인 **필리프 6세**

나는 발루아 백작이었어요. 나의 큰아버지이자 왕인 필리프 4세가 죽은 뒤 사촌들이 남자아이를 낳지 못하게 되어서 내가 왕위를 계승했지요.

원고 측 증인 샤를 7세

내 아버지 샤를 6세가 정신병을 앓는 바람에 나의 왕위 계승이 순조롭지 못했지만, 운 좋게 주변 사람들이 나를 도와주어 왕도 되었고 통치도 쉽게 할 수 있었지요.

원고 측 증인 뒤누아 백작

나는 오를레앙 공작의 서자요. 서자가 뭐냐고요? 본부인 의 자식이 아니라는 말이요. 그래서 그런지 나는 잔 다 르크처럼 평범하지만 신념이 강한 사람들에게 끌립니다. 그래서 잔 다르크를 도왔지요.

원고 측 증인 알랑송 공작

나는 프랑스 왕족이오. 잔 다르크의 말을 믿고 그를 도와 주었지요. 끝까지 도우려 했지만 사정이 좋지 않았소.

원고 측 증인 장 2세

선왕 필리프 6세의 뒤를 이어 프랑스 왕이 된 후, 잉글랜 드의 에드워드 3세와 백년전쟁으로 오랫동안 싸웠어요.

피고 피에르 코송 (1371년~1442년)

나는 가톨릭 사제로 프랑스 북부의 보베에서 대주교
를 지냈어요. 그 당시 잔 다르크에 대한 종교 재판을
맡아서 진행했습니다. 잔 다르크를 희생시켜서 교회
의 권위를 높이려 했지요.

피고 측 변호사 이대로

지나간 일은 뒤집을 수 없다는 게 나의 신념이에요.
그렇기 때문에 현실을 인정하고 살아야 한다는 것이
지요.

피고 측 증인 **에드워드 3세**

나는 영국 왕이지만 어머니가 프랑스 공주였기 때문에 프랑스 왕도 할 수 있었는데, 내가 영국에서 사는 바람에 그만 기회를 놓쳤지요. 그래서 백년전쟁을 일으켰소.

피고 측 증인 **헨리 5세**

나의 아버지 헨리 4세가 반란을 일으켜서 왕위를 빼앗았어요. 그래서 나는 내가 왕이라는 사실이 불안했지요. 나는 프랑스와 적극적으로 전쟁을 벌였어요. 프랑스를 완전히 이겨서 드디어 내 아들이 프랑스와 영국을 모두 통치할 뻔했는데, 내가 너무 일찍 죽어서 실현되지 못했어요. 사실 잔 다르크만 아니었으면 성공했을 텐데.

피고 측 증인 **공정한**

나는 왜곡된 역사를 바로잡기 위해 노력하는 공정한 판사입니다. 이번 재판을 통해서 잔 다르크에 대한 다양한 평가에 대해서 알아볼 수 있도록 최선을 다하겠어요.

"나는 하느님의 계시를 받고
프랑스를 구했어요"

벼르고 별러서 떠나 온 유럽 여행. 김딴지 변호사가 설레는 마음으로 맨 처음 도착한 곳은 파리다. 첫날, 파리의 주요 관광지를 둘러보았다. 소르본 대학에서 시작하여 노트르담 성당을 둘러보고, 센강의 다리를 건너서 루브르 궁전에 갔다. 루브르 궁전의 박물관 이곳저곳을 돌아보다가 잠시 쉬기 위해 나와서 옆길로 들어서니 조그만 광장이 나타난다. 광장 한가운데 황금이 덧칠해진 동상이 서 있어서 가까이 가서 보았다. 소녀가 말을 타고 있는데 갑옷을 입었으며 손에는 깃발을 들었다. 황금빛이 번쩍번쩍 빛나서 눈을 제대로 뜰 수 없을 정도로 눈부시다.

'황금으로 온통 칠해 놓으니 눈이 부셔서 제대로 볼 수가 없잖아. 사람들은 그것도 모르고 번쩍거리는 황금색을 너무 좋아한단 말이야.'

김딴지 변호사는 벤치에 앉아 오를레앙을 거쳐 루아르 강변의 궁전으로 향하는 내일 일정을 떠올린다.

'강물 가운데 지어진 슈농소 궁전도 있고, 거대한 샹보르 궁전도 있다지……'

광장에서는 비둘기들이 구구거리며 모이를 쪼고 있다.

"구구, 구구구."

비둘기가 김딴지 변호사에게 다가와 모이를 조르는 듯 구구거린다.

"구구, 구구구."

'똑똑, 똑똑똑.'

연거푸 들리는 소리에 김딴지 변호사가 퍼뜩 눈을 뜨고 두리번거리는데, 조심스럽게 사무실 문이 열리며 갑옷을 입은 한 소녀가 걸어 들어왔다. 그 모습이 어딘지 낯이 익었다.

'이럴 수가! 저 소녀는 방금 꿈속에서 본 황금 동상의 소녀가 아닌가! 어떻게 이럴 수가 있지? 이게 꿈이야 생시야?'

김딴지 변호사는 놀라서 말하는 것도 잊고 눈만 동그랗게 떴다. 황금 동상의 소녀가 다가오더니 김딴지 변호사에게 말했다.

"나는 잔 다르크예요. 매년 5월 8일이면 나를 기념하는 축제가 열리지요. 그날 내가 오를레앙을 영국군의 포위로부터 해방시켰기 때문이에요."

그제야 사정을 알고 안심이 된 김딴지 변호사는 당시의 역사를 떠올리며 소녀를 찬찬히 보았다.

　그런데 그 황금 동상의 소녀 잔 다르크가 슬픈 표정을 짓더니 말을 이어 나갔다.

　"당신은 변호사이지요? 변호사님에 대해서는 익히 들어 알고 있습니다. 그래서 말인데요, 저도 억울한 일이 있어요."

　"그게 뭡니까?"

　"저는 조국을 위해서, 그리고 하느님의 계시를 받고, 영국군을 프랑스 땅에서 몰아냈어요. 그런데 영국군의 포로가 되어 종교 재판을 받고 마녀로 낙인 찍혔답니다. 물론 나중에 마녀의 누명을 벗고 성녀로 인정받기는 했지만, 사람들 사이에서 제대로 된 평가를 받지 못하고 있어요. 어떤 사람은 여전히 저를 마녀로 생각하고 있고, 어떤 사람은 저를 애국심에 불타는 소녀로만 알고 있지요. 제가 이렇게 양 극단의 평가를 받게 된 것은 맨 처음 있었던 종교 재판 때문이에요. 그 재판을 진행했던 사람은 피에르 코숑이고, 그 사람에게 압력을 넣은 사람은 영국 왕이었지요. 뭐, 직접 압력을 행사했다는 증거는 없지만……."

"그래요? 그런데 오래전 일이라 자료를 찾고 연구하려면 시간이……."

"상관없어요. 이제껏 기다려 왔는데, 시간이 좀 걸리더라도 제 입장을 세상에 명백히 드러내 보이고 싶어요."

"알겠습니다. 그럼 자료가 준비되는 대로 바로 소송을 진행할 터이니 조금만 기다려 주세요."

농부의 딸, 프랑스의 희망이 되다!

　프랑스 북동부 작은 마을, 농부의 딸로 태어난 잔 다르크는 형제들 사이에서 평범한 아이로 자랐습니다. 다른 농부의 딸들과 마찬가지로 잔도 어머니에게서 음식 만드는 법, 빨래하는 법, 옷 짓는 법 등을 배웠지요. 이런 잔에게 특별한 점이 있다면 그건 또래 아이들에 비해 신앙심이 깊다는 점이었습니다. 기도를 많이 했고, 교회 가는 것도 빼먹지 않았지요.

　당시 잔이 살던 작은 마을은 영국과 부르고뉴 양쪽으로부터 위협을 받고 있었고, 오래전에 시작된 영국과의 백년전쟁으로 안전하지 못한 곳이었습니다. 잔이 열세 살이던 1425년에는 영국 군대가 쳐들어와 마을은 쑥대밭이 되고 말았지요. 그런데 이 일 이후 잔에게는 특별한 일이 생겼습니다. 기독교 성인들의 목소리가 들리기 시작한 것이지요. 잔이 성인들의 목소리를 들었다고 했을 때 어떤 사람들은 이 말을 믿었고, 어떤 사람들은 그녀를 의심했습니다.

　하지만 적과 싸우라는 목소리를 들은 잔은 군인이 되기로 결심합니다. 그래서 프랑스의 왕세자인 샤를을 만나기로 마음먹지요. 군대를 이끌려면 먼저 그의 승낙을 받아야 했기 때문입니다. 우여곡절 끝에 세자 샤를을 만난 잔은 전투 준비를 하게 됩니다. 여자가 군대를 이끄는 일이 거의 없었던 당시로서는 매우 이례적인 일이었지요.

전투 준비를 마친 잔의 군대는 오를레앙을 향해 떠납니다. 오를레앙은 프랑스에 있는 중요한 도시 가운데 하나였지만, 영국군에게 포위되어 있었기 때문입니다. 잔의 군대가 도착하자 프랑스군과 시민들의 사기는 크게 높아졌습니다. 성인들의 목소리를 들은 잔이 프랑스에 승리를 가져다줄 거라고 믿었기 때문입니다. 사기가 하늘을 찌르자 이 기세를 몰아 잔은 영국군의 손에서 오를레앙을 구해 냅니다. 이 일로 궁지에 몰려 있던 프랑스군은 전세를 역전할 수 있었고, 결국 백년전쟁도 승리로 이끌 수 있었지요.

원고 | 잔 다르크	대리인 | 김딴지 변호사
피고 | 피에르 코숑	대리인 | 이대로 변호사

청구 내용

저는 프랑스 농촌의 평범한 처녀로서, 정통성을 가진 세자 샤를을 프랑스의 왕으로 받들어 대관식을 치러 주고 영국 군대를 프랑스 땅에서 몰아내라는 신의 계시를 받았습니다. 경건한 기독교 신자였던 저는 하느님의 명령을 열심히 수행했습니다.

제가 참여했던 백년전쟁은 영국 국왕이 시작한 부당한 전쟁이었습니다. 영국은 내부 사정이 복잡해질 때마다 프랑스에 건너와서 약탈을 해 갔습니다. 전쟁 초기에 영국은 승리를 거두었고 프랑스는 패배했습니다. 마침내 1415년 아쟁쿠르 전투에서 승리한 영국은 정통성을 가진 프랑스의 세자 샤를을 사생아로 인정하도록 한 뒤 영국 왕이 프랑스까지 통치하도록 만들었습니다. 그런데 제가 등장하여 전세를 역전시킨 것입니다. 제가 들은 음성은 세자 샤를을 프랑스 왕으로 만들라는 것, 그리고 영국을 프랑스 땅에서 몰아내라는 것이었습니다. 저는 틀림없이 하느님의 음성을 들었으며, 천사와 성인을 보았습니다. 그래서 저는 그분들의 명령에 따라 행했을 뿐입니다. 그럼에도 불구하고 영국군은 저로 인하여 전세가 불리해지자 저를 마녀라고 했으며, 제가 포로가 되자 종교 재판을 통해 공식적으로 마녀로 규정한 뒤 저를 화형에 처했습니다.

비록 얼마 지나지 않아 프랑스 왕이 된 샤를 7세가 저를 복권시켜 주었고 20세기에 들어서는 로마 교황청이 저를 성녀로 만들어 주었지만, 일부 사람들은 여전히 저의 경건함과 신앙심, 그리고 애국심에 대해 의문을 품고 있습니다. 오늘날에도 몇몇 사람들은 저의 일부 행적을 자신들의 목적에 맞추어 해석하고 있습니다. 이렇게 저에 대한 사실이 일부만 알려지거나 이미지가 왜곡된 것은 맨 처음 재판, 즉 피에르 코숑이 주재하고 영국 왕이 압력을 넣어서 진행된 재판에 문제가 있었기 때문입니다. 그래서 바라건대, 피에르 코숑과 영국 왕들이 진행한 종교 재판의 부당성을 밝혀서 제가 온전한 평가를 받을 수 있도록 해 주십시오.

입증 자료

- 중학교 역사 교과서
- 고등학교 세계사 교과서
  그 외 자료 추후 제출하겠음.

위 청구인 잔 다르크
역사공화국 세계사법정 귀중

백년전쟁은 왜 일어났을까?

1

프랑스와 영국은
어떤 관계였을까?

여기는 역사공화국 세계사법정.

갑옷을 입은 여자가 원고석에 앉아 있다. 그 여자는 긴 칼 대신 깃발을 들고 있다. 어찌 된 일인지 피고석에는 성직자가 앉아 있다. 방청석에는 화려한 중세 복장을 한 사람들이 앉아 수군거리고 있었다.

그때 판사가 들어왔고 법정은 조용해졌다.

판사　　지금부터 역사공화국 세계사법정 잔 다르크 대 피에르 코숑의 재판을 시작하겠습니다. 원고 잔 다르크와 그 변호인, 그리고 피고 피에르 코숑과 변호인 모두 출석하셨지요? 그럼 먼저 원고 측 변호인이 이 재판을 청구한 이유에 대해 설명해 주시지요.

김딴지 변호사　　네, 판사님. 원고 잔 다르크는 일찍이 백년전쟁 때

조국 프랑스를 구하기 위해 싸우다 잡혀서 재판에 회부되었습니다. 그런데 그 재판은 일반적인 재판이 아니라 종교 재판이었고, 재판을 주재한 사람들 중 하나가 바로 피고 피에르 코숑 주교였습니다. 그 재판에서 원고는 억울하게도 마녀라는 죄를 뒤집어쓰고 화형에 처해졌지요.

　이후 오래지 않아 원고의 명예가 회복되고 20세기에 들어서는 성녀로도 받들어지게 되었지만, 당시 종교 재판의 그림자는 좀체 사라지지 않아 세간에서는 원고를 향한 의심의 눈길이 걷히지 않고 있습니다. 이에 대해 원고는 자신이 마녀가 아니었음을 밝히고 그에 더해 당당했던 자신의 행적을 알리고자 이 재판을 청구했습니다.

판사　　이미 재판을 받았다면 이번 재판은 항소심인 건가요?

김딴지 변호사　　아닙니다. 그 당시 원고가 받은 재판은 종교 재판으로, 오늘날과 같은 민주적 절차를 밟은 재판이 아니었습니다. 종교 재판은 기독교 입장에서만 판단했던 데다가 당시에는 영국의 압력 때문에 왜곡되기까지 했습니다.

판사　　알겠습니다. 원고 측 변호인은 영국이 압력을 넣어 당시 원고에 대한 재판을 왜곡시켰다고 주장하고 있는데요, 이에 대해 피고 측 입장은 어떤지요?

이대로 변호사　　원고 측 주장은 억측에 지나지 않습니다. 피고인 피에르 코숑은 성직자입니다. 신에게 헌신하기로 맹세한 사람이 정직하지 않게 판결을 내렸겠습니까? 피고는 원고를 살리기 위해 노력

중세
역사의 시대 구분의 하나로, 고대와 근대 사이의 시기를 말합니다. 일반적으로 서양에서는 5세기의 게르만 민족의 대이동에서 15세기 중엽 동로마 제국의 멸망에 이르는 시기를 가리키지요.

종교 재판
로마 가톨릭교회를 옹호하기 위하여 12세기에서 16세기에 행하여진 종교적 재판을 말합니다. 이 재판을 통하여 이단자를 가려내어 박해하거나 처형하였지요.

했습니다. 그러나 원고가 고집을 부리는 바람에 그만······.
피고가 종교 재판에서 영국의 압력에 어쩔 수 없이 끌려간
측면이 없지 않지만, 그 점에서 피고 또한 피해자입니다.
게다가 피고가 원고에 대한 재판 기록을 남김으로써 후대
에 이를 재평가하고 이처럼 민주적인 재판도 열 수 있게
한 점을 인정해 주어야 한다고 봅니다. 피고의 억울한 입장을 지나
쳐서는 안 될 것입니다.

판사   흠. 피에르 코숑이라면······ 프랑스 사람인가요?

이대로 변호사   그렇습니다. 피고는 프랑스 북부 보베라는 곳의 **대
주교**였습니다.

판사   대주교라면, 신분이 높은 신부님이셨군요. 그런데 프랑스
신부가 잔 다르크의 재판을 했다는 말인가요?

이대로 변호사   그렇습니다.

판사   앞서 영국의 압력을 받았다고 했지 않나요? 그렇다면 프랑
스 신부가 영국의 압력을 받았다는 말입니까?

이대로 변호사   그렇습니다. 영국 왕의 압력을 받았습니다. 영국과
프랑스의 적대적인 관계에 대해서 알아보기 위해, 선대 왕들 때부터
두 나라 간에 벌어진 전쟁의 이야기를 해야겠군요.

판사   잠깐! 피고 측 변호인은 전쟁이 선대 왕들 때부터 벌어진 일
이라고 말하는데요, 그렇다면 선대 왕들의 증언부터 들어 봐야 하지
않을까요?

이대로 변호사   존경하는 판사님, 이번 사건은 아주 오래된 전쟁 때

대주교
가톨릭교회에서 주교 위의 직위
입니다. 사제(신부)들을 감독하
는 사제로서 원래는 예수의 사
도들의 후계자를 말합니다.

프랑스의 발루아 왕조 초대 왕 필리프
6세

문에 일어난 소송 사건입니다. 흔히 ▶'백년전쟁'이라
고 불리는 전쟁으로 1337년부터 1453년까지 영국과
프랑스가 여러 차례 일으킨 전쟁이지요. 우선 전쟁
이 왜 일어났는지 알기 위해 영국 왕 에드워드 3세와
원고 측 증인인 프랑스 왕 필리프 6세를 증인으로 신
청하고자 하니 허락해 주십시오.

판사　　허락합니다. 증인들은 나와서 선서해 주세요.

에드워드 3세와 필리프 6세가 증인석에 올랐다.

이대로 변호사　　두 분 증인은 자기소개를 해 주십시오. 먼저 필리프
왕께서…….

필리프 6세　　나는 프랑스 발루아 왕조 초대 왕이었어요. 1328년에
왕위를 계승했으나, 영국의 왕 에드워드 3세 역시 왕위 계승권을 주
장하는 통에 백년전쟁이 시작되었지요.

저의 큰아버지이신 필리프 4세는 프랑스의 왕권을 강화
하기 위해 노력하신 분입니다. 세 명의 아들과 딸 하나를
두셨지요. 그분이 돌아가신 뒤 아들이자 저의 사촌인 루이
가 왕위에 올랐습니다. 그러나 왕위에 오른 지 몇 해 되지
않아 아들을 남기지 못한 채 죽었습니다. 이어 그의 동생
인 샤를이 왕위에 올랐으나 그도 아들 없이 죽었고, 그 동
생인 필리프 역시 아들을 남기지 못하고 죽고 말았습니다.

교과서에는

▶ 1337년부터 1453년까
지 약 100여 년간 계속된
영국과 프랑스의 전쟁을 백
년전쟁이라고 하는데, 플랑
드르 지방의 모직물 공업에
대한 지배권과 프랑스의 왕
위 계승권을 둘러싸고 벌어
진 전쟁입니다.

그리하여 왕위 계승에 문제가 생기게 되었습니다. 필리프 4세의 아들들이 모두 상속자 없이 죽고 말았으니까요.

이대로 변호사　그렇다면 그 전에는 그런 사례가 없었나요? **선례**에 따라 계승하면 되었을 텐데요.

필리프 6세　987년에 조상이신 위그 카페가 프랑스의 왕이 되신 이래 1328년까지 아들이 없었던 적이 없습니다.

이대로 변호사　그러면 어떻게 해서 증인이 왕이 되었습니까?

필리프 6세　선왕 필리프 5세가 죽은 뒤 가장 가까운 남자 친척이었던 제가 왕이 되었습니다.

에드워드 3세　잠깐만요! 필리프는 자신에게만 유리하게 증언하고 있소. 프랑스 왕 필리프 4세에게는 세 명의 아들 말고도 한 명의 딸이 있었습니다.

필리프 6세　무슨 소리! 딸이 왕위를 계승할 수는 없습니다. 그것이 오랫동안 프랑스 인이 지켜 온 전통입니다.

판사　두 증인은 조용히 하세요!

　에드워드 왕은 먼저 자신에 대해 간단히 소개한 후 증언해 주십시오.

에드워드 3세　나는 영국 플랜태저넷 왕가의 왕으로서 1327년부터 1377년까지 재위했소이다. 프랑스와 백년전쟁을 일으켜 승리를 거두고 서남 프랑스와 칼레의 **영유권**을 인정받았지요.

　물론 프랑스에서 여자가 왕위에 오른 적은 없었

선례
이전부터 있었던 사례를 뜻하는 말로 '전례'와 바꿔 쓸 수 있습니다.

영유권
일정한 영토에 대하여 해당 국가가 관할할 수 있는 권리를 말합니다.

중세 시대 가장 성공적인 왕으로 평가받는 에드워드 3세

어요. 그렇지만 여자에게 아들이 있다면 그 아들, 즉 외손자는 왕위를 계승할 수 있지 않겠어요? 선왕이었던 필리프 4세의 딸은 영국 왕과 결혼해 아들을 낳았습니다. 제가 바로 그 아들, 에드워드이지요. 저는 할아버지 필리프 4세의 외손자로서 프랑스 왕위 계승권을 가지고 있었습니다.

판사 그것도 일리가 있군요.

이대로 변호사 프랑스 왕위는 필리프 6세가 계승했는데, 그것에 대해 설명해 주시겠습니까?

필리프 6세 저는 그 당시 발루아에 땅을 가지고 있는 백작이었습니다. 사촌인 필리프 5세가 아들을 남기지 않은 채 죽자 재빨리 파리로 진격하여 스스로 즉위식을 거행했지요.

이대로 변호사 그때 에드워드 왕께선 왜 가만히 있었나요?

에드워드 3세 저는 이미 1318년에 영국 왕으로 즉위한 상태였으므로 프랑스 파리에서 일어나는 일에 간섭하기 힘들었습니다. 그래서 필리프가 왕위에 오르는 것을 지켜볼 수밖에 없었지요.

이대로 변호사 그러면 그걸로 끝난 일 아닌가요? 왜 두 분은 또다시 싸움을 시작해서 전쟁까지 벌이게 되었나요?

필리프 6세 오래전부터 영국 왕은 프랑스에 땅을 가지고 있었습니다. 프랑스에 땅을 가지고 있으니 프랑스 왕의 신하라고 할 수 있었지요.

이대로 변호사 영국 왕이 프랑스 왕의 신하라고요? 그게 무슨 뜻인지 설명해 주시겠습니까?

필리프 4세의 세 아들이 차례로 왕위를 이었으나 결국 제가 프랑스 왕이 되었어요.

필리프 3세(~1285)

필리프 4세(1285~1314)   샤를 발루아

루이 10세(1314~1316)   이자벨 + 에드워드 2세(영국)

필리프 5세(1316~1322)   에드워드 3세(영국)

샤를 4세(1322~1328)

혈통 단절   필리프 발루아 (필리프 6세 1328~1350)

필리프 6세 영국 왕은 프랑스 남부 가스코뉴 지방의 땅을 가지고 있었습니다. 이 땅은 원래 기엔 백작의 것이었는데, 백작에게는 상속인이 여자밖에 없었어요. 그 여자가 영국 왕과 결혼했고, 나중에 그들이 낳은 아이에게 그 땅을 상속했던 것이지요. 따라서 영국 왕은 프랑스 남부의 가스코뉴 지방을 소유한 기엔 백작으로서 프랑스 왕의 신하가 되는 셈입니다.

이대로 변호사 그렇다면 영국은 프랑스의 식민지인가요?

에드워드 3세 아닙니다. 내가 프랑스에 땅을 가지고 있는 것은 영국 왕으로서가 아니라 기엔 백작의 상속인으로서 가지고 있는 것입니다. 프랑스 안에 땅을 가지고 있는 한 프랑스 왕의 신하인 것은 맞지만, 그것은 제가 개인 자격으로 가지고 있는 것입니다. 가령 한국 대통령이 미국에 집을 가지고 있다고 해서 미국 시민이 되는 것이 아닌 것과 마찬가지입니다.

이대로 변호사 복잡하군요. 어쨌든 에드워드 왕이 필리프 왕의 신하였다는 이야기 아닌가요? 그런데 그것이 어떻게 전쟁과 관련이 되지요?

필리프 6세 ▶주군과 신하의 관계는 개인적인 관계입니다. 그러므로 예를 들어 신하가 죽으면 그 토지는 주군에게 되돌아가야 마땅합니다. 그렇게 회수한 뒤 그 토지에 대한 사용 계약을 다시 맺어야 하지요. 하지만 그 과정이 복잡해서 대개는 죽은 신하의 아들과 새로 계약을 맺습니다. 그 계약은 신하였던 그 아버지와는 관계없는 계약입니다. 마찬가지로 주군이 죽을 경우 모든 신하들이 새로운 주군과 새로운 계약을 맺어야 하지요. 이러한 논리에 따라 선왕인 필리프 5세가 죽고 나서 왕위에 오른 나는 에드워드에게 새로운 계약을 맺을 것을 요구했습니다. 그런데 에드워드는 제 요구를 만족시켜 주지 못했습니다.

에드워드 3세 무슨 소린가! 내가 분명히 충성의 맹세를 했잖아.

필리프 6세 그 맹세는 최고의 맹세가 아니야. 군사적으로 봉사하겠다는 맹세를 해야 했다고.

교과서에는

▶ 지배층이 된 기사들은 서로 충성을 맹세하고 보호를 약속하며 주종 관계를 맺어 서로 간의 결속을 강화하였습니다.

에드워드 3세　　　아니, 그러면 명색이 국왕인 내가 다른 나라의 국왕을 찾아가서 무릎을 꿇고 충성을 맹세하고 내 군대까지 몽땅 프랑스에 바쳐야 했다는 말인가? 그건 영국 군대에게 프랑스를 위해 싸우라고 하는 것과 같아.

봉토
제후를 봉하여 땅을 내주는 일, 또는 그렇게 내준 땅을 가리킵니다.

　　이대로 변호사가 눈살을 살짝 찌푸리며 필리프 6세를 향해 말했다.

이대로 변호사　　　그건 좀 너무하지 않습니까?

필리프 6세　　　그게 봉건제하에서의 법인데 뭐가 너무합니까? ▶에드워드는 충성의 맹세를 하지 않았으니 법에 따라 그의 토지는 몰수되어야 마땅했지요. 그래서 저는 가스코뉴 지방의 땅을 몰수했습니다. 그랬더니 에드워드가 군대를 보내더라고요. 그러니 전쟁의 책임은 에드워드에게 있습니다.

에드워드 3세　　　아닙니다. 저는 관습대로 충성의 맹세를 했습니다. 이는 필리프가 다른 의도가 있어서 벌인 일로 제 **봉토**를 빼앗으려는 함정이었어요.

　　그는 왕위 계승 문제를 놓고 저와 다툰 뒤 제게 안 좋은 감정을 가지고 있었습니다. 게다가 필리프는 영국이 경제적으로 지배하던 플랑드르 지방을 탐내고 있었어요. 플랑드르 지방은 모직물 산업이 발달한 지역으로서 플랑드르 백작은 명목상으로는 프랑스 왕의 봉신이었으나 실제로는 막강한 경제력을 바탕으로 거의 독립적인 군주나

교과서에는

▶ 주군은 봉신을 보호하고 토지를 주어 생계를 잇게 하는 의무를 지고 봉신은 주군에게 충성하고 봉사하는 의무를 지는데, 어느 한쪽이 이를 위반하면 계약은 파기되는 형태였습니다.

양모
양털과 바꾸어 쓸 수 있는 말입니다.

다름없는 권력을 행사했어요. 이곳에서 생산되는 모직물은 북유럽 전역으로 수출되었는데, 모직물의 원료가 되는 양모를 영국에서 수입하고 있어서 영국과 이해관계를 공유했지요.

프랑스 왕은 플랑드르 백작이 자신의 봉신인 만큼 오래전부터 플랑드르 지방의 경제력을 자신의 통제권 아래 두고 싶어 했습니다. 14세기 초에 플랑드르 지방의 여러 도시에서 수공업자들이 반란을 일으킨 것을 빌미로 프랑스 왕은 플랑드르 지방에 대한 간섭을 강화하려 했지요.

프랑스 왕이 플랑드르 지방에 대한 지배력을 강화한다면 영국과의 양모 교역을 방해할 테지요. 그러니 나로서는 플랑드르 지방에서 프랑스 왕의 영향력이 커지는 것을 두고 볼 수가 없었습니다.

필리프 6세　당연한 일 아닌가요? 내 신하인 자가 경제적인 이익 때문에 다른 나라와 긴밀한 관계를 갖는다는 것이 말이 되느냐 말이오. 그러니 응징을 해야지. 그리고 영국 사람들도 그래요. 자기 나라에서 양털이 많이 생산되면 자기들이 그것으로 모직물을 만들면 될 걸 왜 플랑드르로 수출을 한단 말이오? 플랑드르에서 영국의 영향력이 커지는 건 프랑스로서도 묵과할 수 없었어요. 그것은 나라의 경제력이 유출되는 일이었으니까요.

에드워드 3세　그게…… 영국에는 그때까지 모직물을 만드는 기술이 없어서…….

이대로 변호사　정리를 좀 해 볼까요? 프랑스 왕은 평소 플랑드르

지방의 경제력을 탐내고 있었는데, 신하인 플랑드르 백작이 영국과
가깝게 지내는 게 불만이었군요?

필리프 6세　　맞습니다. 그런데 그것만이 아니에요. 내가 프랑스 왕
위를 계승할 때 영국 왕 에드워드 3세가 자신도 프랑스 왕위를 물려
받을 자격이 있다고 나서서 몹시 불쾌하던 참이었거든요.

이대로 변호사　　그렇게 안 좋은 감정이 있어서 영국의 에드워드 왕
이 프랑스 남부 가스코뉴 지방에 봉토를 가지고 있으면서도 주군인
프랑스 왕에게 충성의 맹세를 바치지 않는다고 트집을 잡았군요?

필리프 6세　　뭐 맞기는 한데…… 트집이라니요…….

봉건법
서양의 봉건 군주와 가신 간의 인간관계 및 둘 사이에 주고받는 봉토에 관한 문제를 규정한 법체계를 가리킵니다.

보병
원래는 육군의 주력을 이루는 전투 병과로 소총을 주 무기로 삼는 병사를 가리키는 말이나, 여기서는 말을 탄 기사가 아니라 걸어서 이동을 하는 병사를 가리키는 말로 사용되었습니다.

이대로 변호사 어쨌든 영국 왕 에드워드 3세가 충성의 맹세를 하지 않았다는 것을 빌미로 봉토를 몰수한 것이 맞지요?

필리프 6세 봉건법에 따른 조치였습니다. 하지만 봉토를 몰수하겠다고 선언한다고 해서 그 땅에 있는 기사들이 모두 지금까지 자신들이 주군으로 모셨던 영국 왕을 배신하고 갑자기 내게 충성을 맹세할 리는 없었지요. 봉토에 있던 에드워드의 신하 중에서 평소 그의 지배에 불만을 가지고 있었던 일부 기사들만 등을 돌렸습니다. 그러니 실제 효과는 별로 없었어요.

이대로 변호사 에드워드 왕께 묻겠습니다. 필리프 6세가 봉토를 몰수한다고 선언했지만 실제로는 별로 효과가 없었는데, 왜 군대를 보내서 전쟁을 일으켰습니까?

에드워드 3세 모르는 말씀이십니다. 비록 몇몇에 불과하지만, 내게 등을 돌리는 기사들이 나타난다면 다른 기사들도 점차 등을 돌릴 게 뻔했어요. 그리고 전쟁이라니요? 저는 그저 제 힘을 과시하기 위해 군대를 조금, 아주 조금만 보냈을 뿐입니다.

이대로 변호사 몇 명이나 보냈나요?

에드워드 3세 한 100명쯤…… 용병대였습니다. 그것도 기사보다는 주로 보병으로 이루어져 있었죠.

필리프 6세 에드워드는 군대를 이끌고 왔을 뿐만 아니라 스스로 영국과 프랑스의 왕이라고 칭했어요. 영국 왕실의 전통적 상징인 빨간 바탕의 노란색 사자 문양에 더하여 프랑스 왕실의 문장인 파란 바탕의 흰 백합 문양을 자신의 깃발과 문장에 사용했습니다. 그리고 저를 '소위 프랑스 왕'이라고 낮춰 부르기도 했습니다. 이것은 명백히 저에 대한 도발이었지요.

"저런, 필리프 왕이 가만있을 수 없었겠어."
"에드워드 왕으로서도 가만히 앉아서 땅을 빼앗길 수야 없잖아?"
방청석에서 웅성거리는 소리가 일었다. 영국 왕이 원인을 제공했다는 사람들이 있는가 하면, 프랑스 왕이 괜한 욕심을 부린 거라고 말하는 사람도 있었다.

판사   조용히, 조용하세요!

판사의 말에 소란해지던 법정이 다시 고요해졌다.

이대로 변호사   누구 때문에 전쟁이 일어났다고 딱 잘라 말하기 힘들군요. 그렇게 시작된 전쟁이 100년 가까이 이어졌다니, 참으로 놀랍습니다.

2

왜 프랑스는 초기 전투에서
패배했을까?

판사　지금까지 백년전쟁이 일어난 까닭에 대해 알아보았습니다. 이제 전쟁이 어떻게 진행되었는지 살펴보기로 하지요. 피고 측 변호인은 계속 신문해 주세요.

이대로 변호사　먼저 에드워드 왕에게 묻겠습니다. 아까 군대를 100여 명 보냈다고 했는데 그 뒤 어떻게 되었습니까?

에드워드 3세　뭐 100명일 수도 있고 200명일 수도 있습니다. 100 내지 200명으로 해 두죠.

　21세기와는 달리 중세에는 군대에 보급이 제대로 이루어지지 않았습니다. 한마디로 먹을 것과 입을 것을 현지에서 조달해야 했지요. 그래서 실제 전투에 참가할 수 있는 병력은 제한되어 있었습니다. 영국의 인구는 450만 명이었고 아직 산업이 발달하지 못한 상태였습니다. 반대로 프랑스는 인구가 2100만 명인 데다 무엇보다 생산력이 높았고 잘사는 지역도 많았지요. 그래서 프랑스와의 전쟁은 쉬운 일이 아닐 거라고 예상했습니다.

이대로 변호사   무모했다는 생각이 드는군요. 그런데 왜 전쟁을 시작했나요?

에드워드 3세   프랑스가 잘사는 나라이기는 했지만, 프랑스 군대도 어렵기는 마찬가지였습니다. 앞서 말씀드렸듯이 프랑스 군대도 현지에서 먹을 것을 구해야 했는데, 도로나 교통이 발달하지 않아 보급이 어렵기는 마찬가지였습니다. 보급할 수 있는 식량의 양은 한정되어 있었으니까요. 100명분의 식사를 제공할 수 있는 마을에 1000명의 군대가 온다면, 1000명 모두 식사를 제공받을 수는 없습니다. 그러므로 도시락을 싸 가지고 다니지 않는 한 실제 전투에 참여할 수 있는 군대의 숫자는 일정합니다. 물론 대규모 군대라도 단기간의 원정은 가능하겠지만요.

이대로 변호사   그래도 프랑스 군대가 단기전으로 공격한다면 불리하지 않았겠어요?

에드워드 3세   물론 그렇기는 하지만, 실제로 전쟁 비용을 조달하는 능력에서는 제가 앞서 있었습니다. 그리고 무엇보다 우리 군대가 프랑스 군대보다 더 잘 싸웠어요. 우리 군대는 보병과 활 부대를 중심으로 편성되어 있었습니다. 특히 활은 유럽 대륙에서 일반적으로 사용되던 석궁(crossbow)이 아니라 장궁(longbow)을 사용했습니다. 이 활은 화살을 더 멀리 날려 보낼 뿐만 아니라 발사 속도도 석궁보다 빨랐습니다. 가까이에서 쏜다면 갑옷을 뚫을 수 있을 정도로 힘이 강했고 쏘기도 쉬웠습니다. 석궁은 능숙한 사람이라 하더라도 1분에 두 발밖에 쏘지 못했지만, 장궁의 경우 능숙한 사람은 1분에 10~12발을 쏠 수 있었습니다.

판사 활도 그렇게 종류가 제각각입니까?

이대로 변호사 판사님께 사진 자료를 제출하겠습니다. 이 그림은 백년전쟁 당시 기록된 연대기에 그려진 삽화로, 영국 군대와 프랑스 군대가 전투를 벌이는 장면입니다.

판사 어느 쪽이 영국이고 어느 쪽이 프랑스입니까?

이대로 변호사 화면 왼편의 깃발을 잘 보면 파란색 바탕에 흰색 백합꽃이 세 개 그려져 있습니다. 프랑스 왕실의 깃발이지요. 그리고 오른쪽 깃발에는 문장이 두 개 들어가 있습니다. 하나는 앞서 본 프랑스 왕실의 문장이고, 다른 하나는 빨간색 바탕에 노란색 사자 세 마리가 있는 영국 왕실의 깃발입니다. 영국 왕실 깃발에 프랑스 왕실의 문장이 들어가 있는 것은, 프랑스 왕 필리프 6세의 왕위 계승을 인정하지 않고 에드워드 3세 자신이 적법한 왕위 계승권자라는 주장을 표현한 것이지요.

판사 그런데 이 그림이 활과 무슨 관계가 있단 말입니까?

이대로 변호사 그림 아래편에 화살을

백년전쟁의 크레시 전투 장면

왜 잔 다르크는 백년전쟁을 이끌었을까?

쏘는 사람이 보입니다. 왼쪽에서 화살을 쏠 준비를 하고 있는 사람과 화살을 쏘는 사람이 들고 있는 것이 석궁입니다. 특히 화살을 쏘는 사람 옆에서 화살을 장전하고 있는 사람을 잘 살펴보십시오. 그는 화살을 장전하기 위해서 기계 장치를 돌리고 있습니다. 화살을 멀리 보내기 위해 활시위를 팽팽하게 잡아당기는 것이지요. 이래서야 도저히 빨리 쏠 수 없었던 것입니다. 이에 반해 오른쪽에 줄지어 서서 화살을 쏘고 있는 사람들은 장궁을 쏘고 있습니다. 흔히 활이라고 말하는 게 장궁입니다. 이들은 화살을 허리춤에서 빼서 활시위에 걸기만 하면 쏠 준비가 끝납니다. 그러니 얼마나 빨리 쏘겠습니까? 게다가 활이 사람 키만 하니 활시위도 길고, 그런 만큼 화살의 속도도 빨라 상대방의 피해가 컸습니다.

판사　　활만 가지고 전쟁에서 이길 수는 없을 텐데요.

김딴지 변호사　　그에 대해서는 제가 설명하겠습니다.

내내 잠자코 증언을 듣고 있던 김딴지 변호사가 나섰다. 중세의 역사와 문화에 일가견이 있는 그이다.

김딴지 변호사　　영국 군대는 전술 자체가 달랐습니다. 영국 군대는 중세적 전투 방식, 즉 기사 중심의 군대 편성을 하지 않고 보병과 활을 중심으로 군대를 편성했습니다. 보병은 재빠르게 움직일 수 있고, 활은 멀리 있는 적을 공격할 수 있습니다. 그래서 활 부대를 맨 앞에 세우고, 그 뒤를 보병이 따르게 하며, 양옆에서는 기사들이 활

부대를 보호하는 진영을 펼쳤지요.

판사   그러면 프랑스 군대의 전술은 영국과 달랐나요?

김딴지 변호사   물론입니다. 프랑스는 기사의 나라입니다. 강력한 기사들이 앞장서서 싸워야지, 비겁하게 병사들 뒤나 따라서야 되겠습니까? 프랑스 군대의 주력인 기사들로 말할 것 같으면, 무려 30킬로그램이 넘는 갑옷을 입고 자신의 키만큼 긴 칼을 들고 싸웁니다. 물론 말을 타고 싸우기 때문에 기사라고 하지요. 갑옷은 몸을 완전히 감싸고 있어서 어떤 공격에도 끄떡없이 버틸 수 있었습니다. 얼굴을 가리는 투구를 쓰고, 손에는 철판을 이어붙인 장갑을 끼었지요. 발에도 마찬가지로 철판을 이어붙인 신발을 신고 있었습니다. 한마디로 완전한 중무장이었던 셈이지요.

판사 프랑스 군대는 영국 군대처럼 활 부대를 보호하는 진영을 만들지 않았나요?

김딴지 변호사 기사들은 맨 앞에서 달려갑니다. 화살 부대는 기사들 뒤에 있었지요. 물론 그렇게 되면 화살 부대는 화살을 쏠 수 없지요. 하지만 화살보다야 중무장한 기사들이 직접 공격하는 것이 큰 타격을 입힐 수 있었을 것입니다. 잘 아는 기사들끼리 10~20명이 무리를 지어 공격하고 되돌아오고, 뒤이어 다른 기사들 10여 명이 공격을 하고 되돌아옵니다. 이처럼 다른 무리, 다른 무리…… 들이 계속 뒤를 이으며 공격하는 것이지요. 그리고 화살 부대가 앞에서 공격한다면 성을 함락했을 때 그들이 먼저 약탈할 기회를 갖기 때문에, 약탈을 먼저 하기 위해서라도 앞장서서 공격해야 했지요.

판사 프랑스 군대는 옛날부터 그렇게 해 왔습니까?

김딴지 변호사 그렇습니다. 프랑스는 중세의 전투 방식을 그대로 유지하고 있었습니다. 기사들은 '기사도 정신'을 신념으로 삼고 있었습니다. 기사도란 충성, 용맹, 신의, 명예 등을 중시하는 기사들의 도덕과 윤리이지요.

원래 기사들이란 싸움을 직업으로 하는 사람들이어서 난폭하기 이를 데 없었습니다. 날마다 술 마시고 싸우는 것이 일이었어요. 성격도 급해서 하인이 포도주를 늦게 갖다 바치면 창을 던져 걸음을

기사도
중세 유럽에서 기사로서 지켜야 했던 도덕을 말합니다. 기독교의 윤리를 바탕으로 용기, 예의, 염치, 명예 따위의 덕목을 이상으로 삼았지요.

재촉하게 했고, 아무나 공격했습니다. 적대적인 사람을 제거하기 위해 식사에 초대하여 목욕을 권한 다음 목욕탕에서 살해하는가 하면, 아무런 경고도 없이 적을 죽이는 경우도 많았습니다.

그러나 시간이 흘러 12세기쯤이 되자 기사들은 포로로 잡은 다른 기사들을 존중하게 되었고, 무장하지 않은 기사를 공격하는 것은 온당치 않은 일로 간주하게 되었습니다. 불리한 상황에 있는 기사를 공격하는 것은 용맹스럽지 못한 행동이라고 생각한 것이지요. 특히 전투에서는 적을 보는 즉시 물러서지 않고 바로 공격해야 하며 적을 유인하는 등의 속임수를 쓰는 것은 정당하지 못한 행위라고 여겼습니다.

판사   그런 기사도 정신은 언제부터 갖게 되었습니까? 언뜻 듣기에는 그 전술이 불리할 것 같은데요.

김딴지 변호사   기사들이 변하게 된 데에는 교회의 역할이 컸습니다. 교회는 꾸준히 기사들에게 윤리를 갖추게 하려고 애썼습니다. 교회는 늘 전쟁을 억제하는 데 힘을 썼고, 11세기에는 '신의 휴전'이라 하여 일요일과 교회의 축일에 전투를 하지 못하도록 했지요.

판사   기사들이 교회의 말을 잘 들었나요?

김딴지 변호사   뭐…… 처음에는 잘 안 듣는 편이었지만, 점차 기사들도 명예를 중요시하고 평화를 사랑하게 되었습니다.

판사   나는 '기사도'라면 남자들이 여자들을 위해 기꺼이 희생하는 행위를 말하는 건 줄 알았어요.

김딴지 변호사   물론 기사와 여성 사이의 아름다운 사랑도 기사의 중요한 덕목 중 하나이지요. 중세 초의 전사나 기사들은 여성들에 대해서도 난폭했습니다. 지위가 높은 기사들조차 아내를 구타하기 일쑤였어요. 그래서 교회에서는 남편이 아내를 구타할 때 쓰는 몽둥이의 크기를 제한하기도 했습니다. 그러나 중세 시대에 성모 마리아 숭배가 일반화되면서 여성의 지위가 높아지기 시작했고, 12세기에는 기사들이 숙녀와 귀부인의 사랑을 얻으려고 헌신을 하기에 이르렀습니다.

판사 흠, 기사도 이야기가 재미있기는 한데, 그게 전쟁과 무슨 관련이 있는 거지요?

김딴지 변호사 깊은 관련이 있지요. 봉건 귀족들은 기사도를 받아들이면서 점차 세련되어졌습니다. 처음에는 재물을 탐하여 전투를 벌였으나, 점차 명예를 위해 싸우게 되었어요.

무엇보다도 사회가 점차 평화로워져서 싸울 일이 줄어들자, 그들은 스스로 싸울 일을 만들어 내었어요. 즉, 한 제후가 다른 제후에게 언제 어느 곳에서 싸우자고 메시지를 보낸 뒤 부하들을 이끌고 전투를 벌였던 것입니다. 이것은 일종의 오락이자 소일거리였지만 또한 전투이기도 했어요.

처음에는 양쪽 기사들이 모두 일렬로 서 있다가 나팔 소리와 함께 전투를 벌였습니다. 이들은 일정한 지역 내에서만 싸워야 했고, 불리한 사람은 도망쳐서 그 지역을 벗어나면 되었지요. 그 전투는 오락의 성격을 띠어서, 상대방 기사를 죽이기보다는 포로로 잡아서 석방금을 받아 내는 것이 일반적이었습니다. 하지만 아무리 조심한다

토너먼트

중세 기사의 마상 시합을 토너 먼트라 하였는데, 오늘날에는 시합 방식을 나타내는 용어로 사용하게 되었습니다. 경기에서 진 편은 제외시키고 이긴 편끼리 겨루어 최후에 남은 두 편으로 우승을 가리는 방식입니다. '승자 진출전'으로 바꾸어 쓸 수 있습니다.

웨일스

브리튼 섬에는 잉글랜드 말고도 남서쪽에 웨일스, 북쪽에 스코틀랜드가 있었어요. 우리가 말하는 '영국'은 잉글랜드를 가리키는데, 중세 시대에는 이 셋이 각각 다른 나라였답니다.

고 하더라도 다치거나 죽는 사람이 생기게 마련이었어요. 그래서 기사 전체가 싸우기보다는 일대일로 싸우게 되었습니다. 이것이 마상 시합, 즉 토너먼트이지요. 그리하여 전투는 오락과 구분되지 않게 되었고, 기사들은 명예를 위해서 싸우게 되었습니다.

판사 잘 들었습니다. 피고 측 변호인께 묻겠습니다. 영국은 어땠나요? 프랑스와 달리 처음부터 보병과 화살 부대가 중심이 되어 싸웠나요? 아니면, 중간에 바뀐 건가요?

이대로 변호사 영국 군대도 처음에는 프랑스와 마찬가지로 기사 중심이었습니다. 그리고 기사도 정신도 있었고요. 영국의 군대가 바뀐 것은 13세기 말, 그러니까 백년전쟁이 있기 전입니다.

증인 에드워드 3세의 할아버지인 에드워드 1세(재위 1272~1307)는 영국을 통일하기 위한 정복 전쟁 때 웨일스 인들이 사용하는 장궁을 배웠습니다. 또한 산악 지대가 많은 웨일스를 칠 때 웨일스 인들이 언덕 위에서 공격해 오자, 영국 기병들은 말에서 내려 기병 사이사이에 화살 부대를 들임으로써 안전하게 보호했습니다. 동시에 화살 부대가 웨일스 인들에게 화살을 퍼부어서 승리를 거두었지요. 이 때부터 영국 기병들은 말에서 내려 화살 부대와 한 덩어리가 되어서 싸우기 시작했습니다. 또한 수적으로 열세일 때에는 언덕 위에서 아래를 향해 싸우게 되었어요. 이것은 백년전쟁 내내 변하지 않은 영국의 전술이었습니다.

왜 잔 다르크는 백년전쟁을 이끌었을까?

판사   실제로 영국군과 프랑스군이 그렇게 싸웠나요?

이대로 변호사   물론입니다. 그렇게 싸워서 영국군이 항상 승리했지요. 이것에 대해 증인의 증언을 들어 보지요.

에드워드 3세   맨 처음 대규모로 전투가 벌어진 것은 전쟁이 시작된 지 한참 지나서였습니다. 1346년에 크레시에서 벌어진 전투였으니까, 무려 9년 동안 큰 전투가 없었던 거지요. 1337년 보르도에 상륙한 우리 영국군은 프랑스 군대를 피해서 약탈을 하며 돌아다녔습니다. 1346년에는 내가 직접 군대를 이끌고 북쪽 노르망디 공작의 땅에 상륙해서 약탈을 하려고 했지요. 그때 필리프 6세가 군대를 소집했다는 소식을 들었어요. 그래서 영국으로 돌아

크레시

프랑스 북쪽 지방으로 영국 해협에 가까운 마을입니다. 백년전쟁 때 영국 보병대에게 프랑스 기사군이 패배한 곳으로 유명하지요.

가려고 했는데, 내가 돌아갈 길목을 필리프가 차단한 겁니다. 나는 결국 북부 프랑스의 크레시라는 곳에서 언덕 위에 진을 치고 프랑스 군을 기다렸습니다. 그런데 프랑스 군대는 도착해서 우리 군대를 보자마자 전열을 정비하지도 않은 채 언덕을 올라왔습니다. 우리의 장궁 화살 부대가 그들에게 화살 세례를 퍼부었죠. 우리는 화살을 쏴서 그들이 올라오는 것을 막았습니다. 그 화살을 뚫고 올라온 프랑스 군사는 그다지 많지 않아 쉽게 물리칠 수 있었지요.

이대로 변호사　프랑스 군대가 무모하게 싸웠던 것 같은데, 왜 그랬나요?

필리프 6세　우리는 기사들입니다. 기사도 정신에 충만한 사람들은 전술을 사용하지 않습니다. 용맹스러운 기사라면 적을 보면 곧장 진격해서 일전을 벌여야 하지요.

이대로 변호사　쯧쯧. 그 뒤에는 어떻게 되었나요?

에드워드 3세　나는 군대를 이끌고 영국으로 돌아가려고 했습니다. 다만 나중에 다시 프랑스를 공격할 때 쉽게 상륙하기 위해서 영국에서 제일 가까운 프랑스 도시인 칼레를 점령하려고 했지요. 그래서 칼레를 포위하고 성벽을 쌓아서 공급을 차단했습니다. 그런데 칼레는 항구 도시라 바다를 통해서 물자를 공급받았어요. 그래서 해군을 동원해 바다도 막았습니다. 결국 칼레 시민들은 항복했지요.

이대로 변호사　항복한 사람들이 그 유명한 '칼레의 시민'인가요? 증인이 칼레의 시민을 모두 죽이겠다고 하자 사람들이 이를 만류했고, 이에 증인이 여섯 명만 죽이겠다고 하자 시장을 비롯한 고위 관

료 여섯 명이 죽음을 자청하고 나섰다고 들었습니다. 이
야기가 사실인가요? 그래서 그들을 죽였습니까?

에드워드 3세   그건 사실과 다릅니다. 내가 칼레 시민들
을 죽이려 했던 것이 아닙니다. 저들이 애국심을 고취시키
기 위해서 꾸며 낸 이야기이지요. 그 당시 칼레 시장을 비
롯한 고위 관료들이 항복의 표시로 목에 밧줄을 감은 채
행진을 한 게 다예요. 일종의 퍼포먼스나 행위 예술이지
요. 너무 어려운가요?

이대로 변호사   뭐, 어렵다기보다는, 제가 알고 있던 것과는 다르군요.

에드워드 3세   프랑스 사람들이 꾸며 낸 이야기일 뿐인데, 19세기
에 **민족주의**가 등장하면서 이 '칼레의 시민'이 아주 좋은 소재가 되
었다고 들었어요. 오귀스트 로댕이라는 조각가는 〈칼레의 시민〉이
라는 조각상을 만들기도 했다지요?

이대로 변호사   이야기가 조각상으로 빠져나갔군
요. 어쨌든 크레시 전투 이후에는 어떻게 되었나요?

에드워드 3세   몇 년 뒤 흑사병이 돌아서 유럽 인
구의 1/3 가량이 죽었습니다. 그래서 전쟁을 할 겨
를이 없었지요. 하지만 흑사병이 잠잠해진 뒤에 다
시 프랑스를 공격했습니다. 제 아들이었던 **흑세자**
가 프랑스 남부 보르도에서부터 약탈을 하면서 올
라왔지요. 저의 목적은 프랑스를 정복하는 것이 아
니라 귀중품을 약탈하는 것이었습니다. 그런데 루

에드워드 3세의 아들 흑세자

민족주의
민족의 독립과 통일을 가장 중
시하는 사상으로 19세기 이래
근대 국가 형성의 기본 원리가
되었습니다.

흑세자
14세기 잉글랜드 왕 에드워드
3세의 아들이자 후계자였습니
다. 어린 나이로 백년전쟁에 참
전하였고 큰 공을 세웠지요.

아르 강에 이르러 강을 건널 수 없게 된 데다가 새로운 프랑스 왕 장 2세가 군대를 이끌고 온다고 해서 남쪽으로 되돌아갔어요. 장 2세는 내가 후퇴하고 있는데도 끝까지 쫓아왔습니다. 그래서 결국 푸아티에라는 곳에서 맞서 싸울 수밖에 없었지요.

이대로 변호사   긴 시간 증언해 주셔서 감사합니다.

판사   원고 측 변호인, 증인 신문 하시겠습니까?

김딴지 변호사   프랑스 왕 장 2세를 새로운 증인으로 요청합니다.

판사   증인은 나와서 선서해 주세요.

　　기사 복장을 한 장 2세가 늠름한 모습으로 증인석에 올랐다.

김딴지 변호사   먼저 자신에 대해 간단히 소개해 주십시오.

장 2세   난 필리프 6세의 아들로서 왕위에 오른 뒤 오랫동안 영국 왕 에드워드와 다투었지요. 한때 그의 포로가 되기도 했으나, 한시도 기사도 정신을 잊은 적이 없소이다.

김딴지 변호사   증인이 포로가 되었던 전투가 푸아티에 전투가 맞습니까?

장 2세   그렇습니다. 에드워드의 아들인 흑세자를 쫓아가서 혼을 내 주려고 했습니다. 그런데 흑세자 군대가 지난번 크레시 전투 때처럼 언덕 위에 진을 치고 있더군요. 게다가 그곳은 덤불과 산울타리로 뒤덮여 있어서 기사들이 말을 타고 접근하기가 힘들었습니다. 그때 지난번 크레시 전투에서 영국군 기사들이 말에서 내려서 싸웠던 것이 기억났습니다. 그래서 이번에는 우리 프랑스 기사들도 말에서 내려서 싸우면 어떨까 싶어서 말에서 내려서 싸우도록 했지요.

김딴지 변호사　흠…… 증인은 기사들이 입고 있는 갑옷이 얼마나 무거운지 알고 있나요?

장 2세　물론입니다. 30킬로그램 정도. 내가 기사인데 모를 리가 있습니까?

김딴지 변호사　전투가 벌어진 날짜는 언제인가요?

장 2세　확실하지는 않지만 대략 1356년 8월 31일, 아니면 9월 1일?

필리프 6세의 아들 장 2세

김딴지 변호사　여름이로군요. 더운 여름날 그렇게 무거운 갑옷을 입고 언덕을 올라갔으니 기사들 고생이 이만저만이 아니었겠습니다. 그래서 결과는 어떻게 되었나요?

장 2세　나의 기사들은 1킬로미터가 넘는 거리를 갑옷을 입고 행군했습니다. 그리고 적진을 향해 돌격했지요. 특히 세자는 전력을 다해 싸웠지만 결국 격퇴되었습니다. 그러자 다른 부대들은 도망가 버리고 말았지요. 저는 왕으로서 끝까지 싸웠습니다. 마침내 측근들이 전사했고, 저는 포로로 잡히고 말았습니다.

판사　저런! 그래서 감옥에 갔혔나요?

　증언을 듣고 있던 판사가 놀란 듯 묻자, 이대로 변호사가 증인을 대신해 당시의 일을 말했다.

이대로 변호사　아닙니다. 에드워드 3세는 아들 흑세자에게 프랑스 왕을 보르도까지 정중하게 '모시고' 가라고 했습니다. 그리고 그곳에서 극진하게 대우해 주었지요. 그 뒤 영국 런던으로 데려간 뒤에도 장 2세는 물론이고 그의 부하 기사들도 자유롭게 돌아다니도록 했어요. 그것이 기사들 사이의 예의, 즉 기사도 정신이기 때문입니다. 오히려 영국의 귀족 부인들이 프랑스 왕을 보려고 안달이었습니다.

장 2세　저도 에드워드의 환대에 대해 감사하게 생각합니다. 그렇지만 진정한 기사는 바로 나, 장 2세입니다. 제가 포로가 되어 있는 동안 프랑스를 통치했던 세자가 1359년에 영국과 평화 조약을 맺어 저를 포로에서 벗어나도록 했습니다. 세자는 저의 석방금을 5년에 걸쳐 납부하기로 하고 1년 치인 60만 리브르를 지불했지요. 그리고 볼모로 제후들은 영국에, 둘째 아들 루이는 프랑스의 칼레에 남겨 두었습니다. 그런데 이듬해(1361)에는 두 번째 석방금을 지불할 수 없었던 데다가, 둘째 아들이 중부 지방에 사는 여자와 사랑에 빠져서 칼레를 벗어나 그녀에게 달려갔습니다. 제가 돌아가라고 아무리 이야기해도 듣지 않았지요. 저로선 약속을 지키지 못한 기사가 되느니 차라리 다시 포로가 되는 게 나았습니다. 그래서 스스로 런던으로 돌아가서 포로가 되었어요. 그리고 그곳에서 죽을 때까지 살았지요.

김딴지 변호사　증인이야말로 기사도의 화신이군요. 그런데 나라를 위해서는 한 일이 없네요. 쯧쯧.

지지부진한 전쟁

판사 1359년에 평화 조약을 맺었다면 그걸로 전쟁이 끝났을 텐데, 왜 백년전쟁이지요?

이대로 변호사 그 후로 큰 전투가 없었을 뿐 작은 전투는 있었습니다. 게다가 영국에서는 에드워드 3세가 죽고 손자인 리처드 2세가 왕이 되었습니다. 그러나 즉위 당시 나이가 아홉 살밖에 되지 않았기 때문에 귀족들과 왕족들 사이에 권력 다툼이 벌어졌습니다. 리처드가 장성한 뒤에는 사촌인 랭카스터의 헨리가 왕위를 빼앗아 헨리 4세가 되었습니다. 한마디로 영국 내부 사정이 시끄럽다 보니 다른 나라와의 전쟁에 신경 쓸 겨를이 없었던 겁니다.

판사 영국은 그렇다 치고, 프랑스는 왜 전쟁을 하지 않았나요?

김딴지 변호사 프랑스는 전쟁을 했습니다. 장 2세가 죽고, 아니 살

장 2세의 뒤를 이어 프랑스를 통치한 샤를 5세

아 있었을 때부터 프랑스를 통치한 것은 세자 샤를이었습니다. 샤를 5세는 전술을 바꿨습니다. 기사들을 모아 대규모 전투를 하는 것은 돈도 많이 들고 기사들을 불러 모으는 데 시간도 많이 걸립니다. 그래서 소규모 부대를 동원해서 주로 기습 공격을 했어요. 성안에 사는 주민을 매수해서 밤에 문을 열도록 한다든가, 아니면 밤중에 기습을 해서 상당히 많은 영토를 되찾았습니다.

판사 그럼 프랑스가 승리한 건가요?

이대로 변호사 그런데 프랑스에 불행이 닥쳤습니다. 샤를 5세의 뒤를 이어 샤를 6세가 즉위했고 이 국왕 역시 훌륭하게 통치했습니다. 그러나 1392년에 샤를 6세가 정신병에 걸립니다. 그리하여 실권은 왕비와 두 명의 삼촌에게 돌아갔지요. 두 삼촌은 각각 오를레앙 공작과 부르고뉴 공작이었는데, 서로 사이가 안 좋았습니다. 서로 상대방을 암살하려 들 정도였지요. 그에 따라 사람들도 부르고뉴를 지지하는 사람과 오를레앙을 지지하는 사람으로 갈리어 프랑스가 거의 내분 상태에 이르렀습니다.

판사 그래도 영국과 프랑스 사이에 전쟁이 다시 일어난 것은 아니잖아요?

이대로 변호사 그게…….

김딴지 변호사 전쟁을 다시 시작한 것은 영국입니다. 그러니 영국에 전쟁 책임이 있다고 할 수 있습니다. 리처드 2세에게서 왕위를 빼앗은 헨리 4세는 1413년에 죽었고, 그의 아들 헨리 5세(재위 1413~1422)가 뒤를 이었습니다. 헨리 5세는 용맹한 전사라 싸우는 것을 좋아했습니다. 게다가 자신의 아버지가 왕위를 빼앗았다는 이유로 왕권 자체를 부정하는 귀족들이 있었으므로, 이들의 관심을 밖으로 돌리기 위해 전쟁을 일으켰습니다.

판사　　그러니까 영국 왕이 귀족들의 관심을 다른 데로 돌리기 위해 전쟁을 다시 시작했다는 건가요?

김딴지 변호사　　그렇습니다. 물론 프랑스 안에서도 문제가 있기는 했지만……

백년전쟁에서 크게 성공했던 영국 왕 헨리 5세

이대로 변호사　　김 변호사가 얼버무리는데요, 프랑스 내부에 문제가 있었습니다. 프랑스는 왕이 정신병에 걸린 뒤 오를레앙파와 부르고뉴파로 나뉘어 싸우고 있었고, 이들은 모두 영국 왕에게 자기편을 들어 달라고 청했습니다. 한마디로 권력을 잡기 위해 영국과 손잡으려고 했던 것이지요. 그러니 영국을 프랑스 땅으로 불러들인 것은 프랑스의 왕족들이었습니다.

김딴지 변호사　　그래도 군대를 이끌고 먼저 공격한 것은 헨리 5세였습니다. 1415년 헨리 5세는 2000명의 기병과 6000명의 궁사를 이끌고 프랑스 북부 노르망디 지방에 상륙했습니다. 그러나 전염병으로 많은 병력을 잃자 칼레를 통해서 귀국하려고 했지요. 사실 그것은 쉽지 않은 일이었는데, 왜냐하면 그의 군대는 이미 6000명 정도로 줄어 있었고, 그나마 보급을 제대로 받지 못해 굶어 죽을 지경이

었거든요. 그래서 아쟁쿠르라는 곳에서 진을 치고 방어할 수밖에 없었습니다. 영국군은 예전처럼 언덕 위에 진을 쳤습니다.

판사   이제 프랑스의 전술도 바뀌었나요?

김딴지 변호사   아닙니다. 기사도 정신을 버릴 수 있겠습니까? 프랑스 기사들은 또다시 제각기 움직였습니다. 즉각 전투에 돌입했지요. 이 무렵 대포가 유럽에 들어오기 시작했기 때문에 기사들의 갑옷은 더욱 무거워져 있었고, 전투가 있던 날은 비까지 와서 진창이 되어 있었습니다. 그럼에도 불구하고 프랑스 기사들은 무거운 갑옷

왜 잔 다르크는 백년전쟁을 이끌었을까?

을 입은 채 빗발치는 화살을 뚫고 진창으로 변한 언덕길을 뛰어 올라갔습니다. 결과는 뻔했지요. 1500명의 귀족들과 3000명의 기사들이 죽었고, 오를레앙 공작을 비롯하여 1000명이 넘는 포로가 붙잡혔습니다.

판사   프랑스가 완전히 패배했군요.

김딴지 변호사   그렇습니다. 미친 왕 샤를 6세를 대신하여 프랑스를 다스리고 있던 아저씨 두 명, 즉 오를레앙 공작과 부르고뉴 공작 중에서 오를레앙 공작이 포로가 되었으므로, 실권은 부르고뉴 공작이 쥐게 되었지요. 부르고뉴 공작은 헨리 5세와 조약을 맺었습니다. 1420년에 맺은 **트루아 조약**인데 정말 말도 안 되는 조약이었습니다.

이대로 변호사   무슨 소리입니까? 엄연히 두 나라 사이에 이루어진 조약입니다!

김딴지 변호사   그럼 프랑스 왕비가 바람을 피워서 세자 샤를을 낳았다는 말입니까?

판사   양측 변호인은 진정하세요. 원고 측 변호인, 무슨 말입니까? 바람을 피우다니. 그리고 샤를은 또 누구지요? 미쳤다는 왕의 이름이 샤를 아닌가요?

김딴지 변호사   설명을 드리겠습니다. 1415년 아쟁쿠르 전투 당시 왕은 샤를 6세였는데, 앞서 말씀드렸다시피 샤를 6세는 1382년에 정신병에 걸렸습니다. 그에게는 아들이 몇 명 있었지만 다 일찍 죽고, 아버지와 이름이 같은 샤를만 살아남았습니다. 그런데 아쟁쿠르 전

트루아 조약

1420년에 프랑스의 트루아에서 영국과 프랑스가 맺은 조약입니다. 영국 왕 헨리 5세가 프랑스의 왕위 계승자임을 이 조약에서 확인받고 샤를 6세의 딸인 카트린과 결혼하였습니다.

투에서 승리한 영국 왕 헨리 5세가 프랑스 왕위를 넘보아 프랑스의 공주인 카트린과 결혼하기로 한 겁니다. 그렇게 되면 헨리 5세 자신이 프랑스 왕이 될 수는 없지만, 자신의 아들은 프랑스 왕이 될 수 있기 때문이었지요.

판사   아까 프랑스 왕 샤를 6세에게 같은 이름의 아들 샤를이 있었다고 하지 않았나요?

김딴지 변호사   바로 그 아들 때문에 문제가 복잡해졌지요. 헨리 5세도 설사 자신이 아들을 낳더라도 프랑스의 세자 샤를이 프랑스 왕위를 계승할 거라고 생각했습니다. 그래서 샤를 6세의 왕비인 이자보 드 바비에르에게 세자 샤를이 적법한 세자가 아니라고 거짓말을 하도록 강요했던 것이지요. '왕비가 미친 왕과의 사이에서 아들을 낳을 수 있었겠는가. 그러니 왕비가 바람을 피워서 낳은 아이가 세자 샤를이며, 따라서 세자 샤를은 왕위를 계승할 수 없다'는 것이었습니다. 그런 내용을 시인하도록 왕비에게 강요했습니다.

판사   만약 영국의 주장대로라면 프랑스 왕은 누가 되는 거지요?

김딴지 변호사   세자 샤를 말고는 아들이 없었으므로, 헨리 5세의 뜻대로 프랑스 공주 카트린과의 사이에서 생기게 될 아이가 계승하게 되지요.

판사   프랑스가 그 조약을 받아들였나요?

김딴지 변호사   어쩔 수 없었습니다. 게다가 이 조약을 주선한 사람이 부르고뉴 공작이었습니다. 부르고뉴 공작은 파리를 비롯한 프랑스 북부 지방에 대한 권리를 영국 왕으로부터 인정받는 대가로 조약을 주선했던 것이지요.

판사   매국노로군요.

김딴지 변호사   꼭 그렇지는 않습니다. 중세에는 국가라는 개념이 없었습니다. 그러니 나라를 팔아먹는다는 개념도 없었지요.

판사   하지만 영국과 프랑스가 싸웠잖습니까?

김딴지 변호사   물론 영국과 프랑스가 싸웠지만, 그것은 국가 사이의 전쟁이라기보다는 프랑스 왕과 영국 왕 사이의 전쟁이었습니다. 전쟁에 참가한 기사들도 자신이 신하로서 지고 있는 의무를 다하기 위해서 또는 전리품을 얻기 위해서 참여한 것이고, 보병들은 대부분 용병들이었습니다. 그러니 국가니 국왕이니 하는 개념은 없었던 것이지요. 부르고뉴 공작도 자신의 영역을 넓히기 위해 싸운 것일 뿐, 오히려 그는 프랑스 왕권이 약해져서 자신의 영토에 간섭하지 않았으면 하고 바랐습니다. 그렇게 해서 독립적인 권력을 누리고 싶었던 것이지요.

판사   그 후에 프랑스와 영국은 통합되었습니까? 아, 아니겠군요. 그때 통합되지 않았으니 지금 두 나라로 남아 있는 걸 테죠. 어떻게 해서 두 나라가 다시 갈라졌습니까?

김딴지 변호사   조약이 맺어진 지 2년 뒤, 프랑스의 샤를 6세와 영국의 헨리 5세가 같은 해에 죽었습니다. 헨리 5세와 카트린 사이에는 아들이 하나 있었고 이 아이가 헨리 6세였습니다. 트루아 조약에 따라 헨리 6세는 프랑스와 영국의 왕이 될 수 있었지만, 태어난 지 몇 달 되지 않았기 때문에 왕의 아저씨들이 섭정을 했습니다. 글로

섭정

왕이 너무 어리다는 등의 이유로 직접 통치할 수 없을 때에 왕을 대신하여 나라를 다스리는 것을 말합니다.

스터 공작은 영국의 섭정이 되었고 베드퍼드 공작은 프랑스의 섭정이 되었지요. 그러나 베드퍼드 공작은 프랑스에 가지 않은 채 프랑스 북서부 지역을 다스렸고, 프랑스의 북동부는 부르고뉴 공작에게 맡겼습니다. 그리고 프랑스 남부는 세자 샤를이 통치했지요. 실질적으로 프랑스가 세 부분으로 나뉜 셈입니다.

판사   이상하군요. 베드퍼드 공작은 왜 프랑스에 가지 않고 부르고뉴 공작과 손잡았나요?

김딴지 변호사   그건 영국 내부의 일이어서 잘 모르겠습니다.

이대로 변호사　그건 베드퍼드 공작에게 돈이 없었기 때문입니다. 베드퍼드 공작이 프랑스를 다스리려면 군대를 동원해야 하는데, 기사들은 영국 왕이 벌인 전쟁에 나서려고 하지 않았습니다. 돈을 많이 준다면 모를까요. 그러니 용병을 고용해야 하는데, 베드퍼드 공작이건 헨리 6세이건 돈이 많지 않았습니다. 게다가 프랑스 북서부 지역의 영주들은 베드퍼드 공작이든 헨리 6세이든 자신들의 왕으로 인정하지 않고 세자 샤를을 따라서 남쪽으로 가 버렸습니다. 그래서 베드퍼드 공작이 프랑스 북서부를 다스린다고는 해도 그곳에서 세금을 걷을 수도 없었고 기사를 소집할 수도 없었지요. 한마디로 프랑스 기사들이 헨리 6세를 자신들의 왕으로 인정하지 않은 것입니다. 조약 위반이지요. 그래서 차라리 프랑스 북동부는 베드퍼드 공작에게 협조하고 있는 부르고뉴 공작이 통치하도록 내버려 둔 것입니다.

김딴지 변호사　프랑스 기사들은 대부분 세자 샤를이 적법한 왕자라고 믿고 있었습니다. 그래서 세자 샤를을 지지하고 그를 따라서 남쪽으로 내려갔던 것입니다. 세자 샤를은 파리를 떠나 부르주에서 남부 프랑스만 통치하고 있었습니다.

이대로 변호사　영국군은 계속해서 남쪽으로 세력을 넓히려고 했습니다. 그래서 오를레앙을 포위했지요. 이곳은 세자 샤를을 지지하던 오를레앙 공작의 본거지였습니다. 그러자 프랑스의 기세는 꺾였고, 영국은 승리를 자신했습니다.

판사　세자 샤를과 그 지지자들은 뭘 하고 있었나요? 그저 당하기만 했단 말입니까?

이대로 변호사 1429년 전투에서 영국군이 세자 샤를을 혼내 주었습니다. 세자 샤를은 시농 성으로 후퇴했고, 영국군은 시농 성 일대를 장악했습니다. 이제 시간이 가기만 기다리다 보면 세자 샤를이 항복하게 될 것이었지요. 그런데 그때 잔 다르크라는 마녀가 나타나서 일을 방해한 것입니다.

판사 세자 샤를에게 직접 당시 상황에 대해 들었으면 합니다. 세자 샤를은 증인석으로 나와 주십시오.

다들 숨죽인 채 세자 샤를이 증인석에 오르길 기다렸지만 아무런 기적이 없다.

김딴지 변호사 ……세자 샤를은 오늘 재판에 참석하지 않았습니다. 오늘은 증언할 일이 없을 것 같아서…… 게다가 병이 났습니다. 배가 아프다고 했어요. 그래서…….

판사 원칙대로라면 증인 신문을 취소해야 하지만, 오늘은 시간도 많이 지났으니 다음 재판에서 증언을 듣도록 하겠습니다. 그때는 꼭 참석하게 해 주세요. 오늘 재판은 여기서 마치도록 하겠습니다.

땅, 땅, 땅!

왜 잔 다르크는 백년전쟁을 이끌었을까?

주군과 신하는 어떤 관계였을까?

봉건제에서 주군과 신하의 관계를 결정하는 것은 주종 관계였습니다. 주종 관계란 두 기사 사이에 이루어지는 계약 관계입니다. 즉 주군이 상위에 있기는 하지만, 신하에 대해 지켜야 할 의무가 있었습니다. 이 관계는 개인적인 관계로서 당사자들 사이의 관계이며, 아들이나 친척 등 주변 인물이 관계되지 않지요. 두 기사는 계약 당사자로서 서로 의무를 지며, 그것을 자식에게 상속하지 않아도 됩니다. 그것은 이들이 가지고 있는 땅에 대해서도 마찬가지예요.

또한 주종 관계란 봉토라는 땅을 주고 그 대신 여러 가지 봉사를 받는 관계를 말합니다. 중세 시대의 봉건 제도 아래서는 누구나 다른 기사에게 봉사를 하고 그 대가로서 토지를 받을 수 있었습니다. 이때 토지를 준 사람을 주군(主君), 토지를 받은 사람을 신하라고 하며, 그 토지를 봉토(封土)라고 합니다. 그런데 한 명의 기사는 할 수만 있다면 여러 명의 기사에게 토지를 받을 수도 있었습니다. 또한 넓은 토지를 받은 신하는 그 토지를 자신이 직접 관리할 수 없는 경우가 많았으므로 자신이 받은 봉토를 다시 다른 기사에게 대가를 받고 봉토로서 부여했습니다. 따라서 중세의 주종 관계는 기사와 기사가 연결되어 있는 관계의 네트워크였다고 볼 수 있지요.

다알지 기자

　　안녕하세요? 역사공화국 법정 뉴스의 다알
지 기자입니다. 오늘 잔 다르크 대 피에르 코숑
의 첫 재판이 열렸습니다.

　　이번 재판에서는 잔 다르크가 등장하게 된 배경에
대한 신문이 있었습니다. 특히 잔 다르크가 활약했던 무대가 백년전
쟁이었으므로, 그녀가 등장하기 전의 배경을 설명하는 재판이 이루어
졌습니다. 백년전쟁은 1337년에 시작되었고 잔 다르크가 등장한 것은
1429년이니까, 약 90년 동안의 상황이 이야기되었습니다. 그러다 보니
재판에 많은 증인들이 출석해야 했고, 증인 외에도 많은 사람들이 언
급되었습니다. 그중 증인 두 분과 인터뷰를 하겠습니다.

　　먼저 원고 측 증인이었던 장 2세에게 한 말씀 듣겠습니다.

장 2세

다 지나간 일을 가지고 재판을 해야 하다
니……. 이미 결정된 프랑스 왕위를 영국 왕이 빼앗
으려고 해서 일어난 것이 백년전쟁이에요. 프랑스 기사들은 정말이지
기사도 정신에 충실하게 싸웠어요. 그런데도 전투에서 패배했다는 이
유로 바보 취급을 당하다니…… 기사가 기사도 정신을 버리고 비겁한
모습을 보여야 한단 말이오? 당당하게 싸웠으면 그만이지!

에드워드 3세

하하하! 바보 같으니라고! 목숨을 걸고 하는 전쟁에서 기사도가 무슨 소용이란 말이오? 세상도 변하고 전쟁하는 방법도 변하고 있는데, 프랑스 기사들만 그걸 모르고 있었던 거요. 그리고 프랑스 왕위에 대해서는 나도 권리가 있어요. 내 외할아버지가 프랑스 왕이었으니까 말이오.

왜 잔 다르크는 백년전쟁을 이끌었을까?

왜 잔 다르크는
전쟁에 나서게 되었을까?

1. 잔 다르크는 어떤 계시를 받았을까?
2. 잔 다르크는 어떻게 프랑스 왕을 도와주었을까?
3. 잔 다르크는 어떻게 포로가 되었을까?

1

잔 다르크는
어떤 계시를 받았을까?

판사 자, 재판을 시작하겠습니다. 원고 측 변호인, 지난번엔 증인인 세자 샤를이 출석하지 않았는데요, 오늘은 어떻습니까?

김딴지 변호사 네. 증인 샤를 7세를 증인석으로 불러 주십시오.

판사 증인은 나와서 증인 선서를 해 주세요.

샤를 7세가 어쩐지 자신이 없는 듯한 모습으로 증인석에 나와 섰다.

김딴지 변호사 증인은 먼저 간단히 자기소개를 해 주세요.

샤를 7세 저는 트루아 조약으로 영국 왕 헨리 5세에게 왕위 계승권을 양도한 뒤 루아르 강변의 시농 성에서 지냈는데, 잔 다르크가 영국군을 물리쳐 주어 랭스 대성당에서 대관식을 올리고 프랑스 왕이 되었습니다.

김딴지 변호사 먼저 증인에게 묻겠습니다. 어떻게 시농성에서 포위당하게 되었나요?

샤를 7세 그게…… 저는…….

김딴지 변호사 계속해 보시지요.

샤를 7세 저는 정말로 엄마가 바람을 피워서 낳았는지도 모릅니다. 의심스러워요. 다른 사람들은 그렇게 생각하고 있을지도 모르지요. 그걸 어찌 알겠습니까? 제 주변의 신하들, 귀족들, 기사들 모두 속으로는 '넌 사생아야'라고 생각하고 있을지도 모릅니다. 말만 안 할 뿐이지요. 그리고 저는 돈도 없고 용맹하지도 못하고 정치도 잘 못합니다.

김딴지 변호사 어휴…… 한 나라의 왕이 되는 분이 왜 그리도 심약하십니까? 왕인 당신을 믿고 따르는 프랑스 기사들과 백성들을 생각해서라도 좀 더 용기를 보여 주시지요.

그런데 후에 결국 왕이 되었다고 들었는데, 그 과정을 말씀해 주시겠습니까?

샤를 7세 그게 글쎄…… 제가 왕이 되려고 했던 게 아닌데, 저기 있는 소녀가 우겨서…… 저 소녀 말이, 제가 왕이 될 것이라고 했습니다. 저는 별로 믿지 않았는데, 신의 계시를 받았다면서 저를 랭스로 데리고 가서 **대관식**을 해 주었습니다. 순전히 저 소녀 때문이었지요.

김딴지 변호사 '때문'이 아니라 '덕분' 아닌가요?

양도
재산이나 물건을 남에게 넘겨주는 것을 말합니다. '넘겨주기'와 바꾸어 쓸 수 있지요.

대관식
유럽에서 왕이 즉위한 뒤 처음으로 왕관을 써서 왕위에 올랐음을 일반에게 널리 알리는 의식을 말합니다.

재판 둘째 날 | 왜 잔 다르크는 전쟁에 나서게 되었을까?　● 75

샤를 7세　　뭐 그렇긴 하지요…….

김딴지 변호사　　좋습니다. 그러면 원고 잔 다르크에게 묻겠습니다.

갑옷을 입었으나 얼굴이 어려 보이는 소녀가 일어섰다.

김딴지 변호사　　원고는 이름을 말씀해 주시겠습니까?

잔 다르크　　제 고향 사람들은 저를 자네트라 부르고, 제가 프랑스 군대에 온 뒤로는 잔이라고 부릅니다.

김딴지 변호사　　나이는 어떻게 됩니까?

잔 다르크　　열아홉 살입니다. 사람들은 스무 살쯤 되어 보인다고 하기도 하고 열일곱이나 열여덟쯤 되어 보인다고도 말하지요.

장 오귀스트 도미니크 앵그르가 그린 〈샤를 7세 대관식의 잔 다르크〉

코숑　　내가 물었을 때에는 말할 수 없다고 하지 않았나?

잔 다르크　　당신에게는 대답하고 싶지 않아서 그랬습니다.

판사　　피고 코숑은 조용히 하세요! 원고 측 변호인은 계속하세요.

김딴지 변호사　　출생지는 어디입니까?

잔 다르크　　로렌과 샹파뉴 사이에 있는 동레미에서 태어났습니다. 본당 교회는 그뢰 마을에 있었습니다.

김딴지 변호사　　원고로 말할 것 같으면 하늘의

뜻을 이루기 위해 이 땅에 태어나신 분이지요. 동네 닭들이 기뻐서 두 시간 동안이나 날개를 퍼덕였다고 합니다.

판사 이보시오, 김 변호사, 지금 내게 그 말을 믿으라는 겁니까?

김딴지 변호사 제 말은 사실입니다. 기록에 나와 있습니다.

판사 그 기록이야 샤를 7세의 시종이 나중에 쓴 편지 아닙니까? 나도 그 편지에 대해서는 알고 있습니다. 샤를 7세 편에서 썼으니 과장이 있겠지요.

원고 측 변호인은 명확한 사실에 입각해 증인을 신문해 주세요. 흠흠!

김딴지 변호사 네. 계속하겠습니다. 원고의 부모의 이름을 말해 주시겠습니까?

잔 다르크　　　제 아버지는 자크 다르크이고 어머니는 이자벨입니다. 아버지는 샹파뉴 출신으로서 방목지가 딸린 자그마한 농장을 갖고 있었고 몇 년간 마을 대표를 맡아보기도 했습니다. 어머니는 가까운 이웃 마을 출신입니다.

김딴지 변호사　　　가족은 어떻게 됩니까?

이대로 변호사　　　이의 있습니다. 가족은 본 건과 관련이 없다고 생각합니다.

김딴지 변호사　　　아닙니다. 원고 잔 다르크의 성장 과정을 아는 것은 매우 중요한 일입니다. 왜냐하면 어떤 환경에서 자랐기에 여자의 몸으로 전투에 참여했는가라는 질문에 대답해야 하기 때문입니다.

판사　　　원고는 대답해 주세요.

잔 다르크　　　부모님과 오빠가 셋 있습니다. 언니가 있었는데 제가 어렸을 때 죽었습니다.

김딴지 변호사　　　세례는 어디서 받았나요?

잔 다르크　　　동레미 교회에서 받았습니다. 저희 가족은 모두 독실한 가톨릭 신자였습니다.

김딴지 변호사　　　어렸을 때 무엇을 배웠습니까?

잔 다르크　　　집안일을 배웠습니다. 바느질하고 실 잣는 일을 배웠습니다. 이 일이라면 루앙의 부인네 못지않습니다. 일도 했지만, 동네 아이들하고 뛰어놀았습니다. 동네 언덕 근처에 나무도 있고 우물도 있어서 그곳에서 아이들과 놀았어요. 그 우물물을 마시면 병든 사람도 낫는다고 했지요. 나무에 요정들이 오간다고 했지만, 그게 사실인지는 잘 모르겠습니다. 저는 다른 아이들과 별로 다르지 않았습니다.

김딴지 변호사　　매우 평화로운 마을 정경이 그려지는군요. 그럼 전쟁이 있다는 것을 몰랐습니까?

잔 다르크　　제가 십대 중반에 이르렀을 때 마을 근처까지 전쟁의 불길이 미쳤습니다. 제가 살던 마을은 로렌 지방에 속해 있었는데, 이 지방은 부르고뉴 공작의 영향력과 프랑스 왕의 영향력이 동시에 미치는 지역이었습니다. 그래서 마을에 따라 부르고뉴 공작을 지지하기도 하고 프랑스 왕을 지지하기도 했습니다. 제가 살던 마을 인근의 막세 마을은 부르고뉴 공작 편이었습니다. 그래서 동레미 청년들과 막세 청년들이 싸우곤 했지요. 이들은 상처투성이가 되거나 피를 흘리며 돌아오는 경우도 있었습니다. 저희 마을에도 부르고뉴 공작을 지지하는 청년이 한 명 있었는데, 저는 하느님만 허락하신다면 그 청년 머리가 베어졌으면 하고 바랐습니다.

김딴지 변호사　　착하고 경건해 보이는 소녀가 사람이 죽었으면 하고 바랐다는 말입니까?

잔 다르크　　그렇습니다.

김딴지 변호사　　그리고 그처럼 어린 나이에 부르고뉴파를 공격하겠다는 그런 정치적인 생각을 한 건가요?

잔 다르크　　부르고뉴파는 그들 뜻대로 되지 않으면 전쟁을 벌였을 것입니다. 저는 '음성'을 듣고서 이를 알게 되었습니다. 그 음성은 프랑스 왕을 위한 음성이었습니다. 저의 커다란 뜻과 소망은 왕께서 그분의 왕국을 되찾는 것이었습니다.

김딴지 변호사　판사님, 제가 원고에 관한 자료를 뒤지다가 알게 된 이야기인데요, 원고가 어렸을 때 초원에서 양에게 풀을 뜯기다가 다른 소녀들과 달리기 경주를 했다고 합니다. 원고는 언제나처럼 빠르게 달려서 초원 끝에 이르렀는데, 그때 "잔, 집에 가 봐. 어머니가 급히 찾으셔"라는 목소리가 들렸다고 합니다. 그길로 집에 왔으나 어머니는 부르지 않았다고 했지요. ▶그때 환히 빛나는 구름이 돌연 잔 다르크 앞에 나타나더니 그 속에서 음성이 들렸다고 합니다. "하늘의 군주가 선택하여 프랑스를 구해 내고 통치권을 잃고 떠도는 샤를 왕에게 방패와 보호가 될 사람이 바로 너이다"라고요.

판사　원고가 그 음성을 듣기 시작한 것은 언제인가요?

잔 다르크　제가 말씀드리겠습니다. 열세 살 때쯤 저의 처신을 도우시는 하느님의 음성을 처음 들었을 때에는 무척 무서웠습니다. 이 음성은 여름철 정오 무렵에 제 아버지의 채마밭에서 들렸습니다. 그 전날 밤 저는 단식을 하지 않았습니다. 저는 교회 오른편에서 그 음성을 들었는데 거의 언제나 분명하게 들렸습니다.

김딴지 변호사　그 음성이 어떠했나요?

잔 다르크　듣기에 매우 위엄이 있어서, 저는 그 음성이 하느님 편에서 보내신 것이라 생각했습니다. 제가 그것을 세 번째로 들었을 때 그게 천사의 음성이라는 것을 알았습니다. 그 음성은 늘 저를 지켜 주었고, 저는 그 음성을 잘 알아들었습니다.

　어느 날 성 미가엘이 천사에 둘러싸여 있는 것을 보았습

교과서에는

▶ 농민의 딸로 태어난 잔 다르크는 '프랑스를 구하라'는 신의 계시를 받았다고 전해집니다.

니다. 성 미가엘은 성 카트린과 성 마르그리트가 제게 와서 도와줄 것이라고 말했습니다. 그리고 이 모든 것이 하느님의 뜻에 따라 일어나는 일이라고 했어요.

김딴지 변호사　그 음성이 원고의 영혼에 어떤 가르침을 주었나요?

잔 다르크　제게 바르게 처신하고 교회를 자주 다니라고 일러 주었습니다. 그 음성은 제가 지금 있는 곳에서 더 이상 머물 수 없으리라고 말했으며, 또한 제가 오를레앙 시의 포위를 걷어 내리라고도 했습니다. 또 이르기를, 보쿨뢰르 시에 있는 로베르 드 보드리쿠르를 찾아가면 그가 저와 함께 떠날 사람들을 붙여 주리라고 했습니다.

김딴지 변호사　　그 음성을 자주 들었습니까?

잔 다르크　　그 무렵 그걸 듣지 않은 날이 없으며, 지금도 몹시 듣고 싶습니다.

이대로 변호사　　음성이 아니라 환청일 것입니다. 아니면 환각이거나…… 혹시 마약 검사는 해 봤나요?

코숑　　저를 변호하고 있기는 하지만 제 변호사는 좀 무식하군요. 중세 시대에는 환상을 보는 경우가 많았습니다. 그것을 하느님의 계시로 생각하곤 했지요. 초자연적인 힘이 세상을 다스린다는 생각이 21세기보다는 훨씬 널리 퍼져 있었습니다. 그러니 그런 사정을 감안하셔야 됩니다. 21세기 사람들도 꿈을 미래에 대한 예시로 생각하지 않습니까? 그러니 잔 다르크가 들은 음성은 바로 잔 다르크 자신의 내면의 소리라고 할 수도 있습니다. 영화에도 나오지 않습니까? 가장 최근에 만들어진 〈잔 다르크〉 영화에서는 그 음성을 내면의 소리로 표현했던데…… 영화를 잘 안 보시는군요.

김딴지 변호사　　어쨌든, 원고는 그 음성에 따라 아버지의 집을 떠났습니까?

잔 다르크　　그렇습니다.

김딴지 변호사　　아버지가 떠나도록 허락했나요?

잔 다르크　　그럴 리가 있겠습니까? 아버지는 제가 군인들과 함께 길을 떠나는 꿈을 꾸었다고 합니다. 그래서 저를 보호하기 위해 엄격하게 다루셨습니다. 심지어 오빠들에게 "내가 딸 때문에 근심하느니, 차라리 너희들이 그 애를 물에 빠뜨려 죽이는 게 좋겠다"고 말씀하셨다고 합니다.

김딴지 변호사　　그럼 어떻게 집을 떠났습니까?

잔 다르크　　어머니의 사촌인 락사르 아저씨에게 저를 데려가 달라고 했습니다. 아저씨의 부인이 아이를 낳은 지 얼마 되지 않아서 몸조리 중이었기 때문에 제가 가서 돕겠다고 했습니다. 락사르 아저씨는 보쿨뢰르에서 한 시간쯤 떨어진 동네에서 살고 계셨거든요. 락사르 아저씨에게 영주님에게 데려다 달라고 했습니다.

김딴지 변호사　　아저씨가 데려다 주던가요?

잔 다르크　　처음엔 거절했습니다. 그러나 제가 '프랑스는 한 여자(이자보 드 바비에르 왕비)가 망치고 다시 한 처녀가 살릴 것이다'라는 민중들의 믿음을 말하자, 아저씨는 저를 보쿨뢰르 영주님에게 데려다 주었습니다.

김딴지 변호사　　보쿨뢰르의 영주라면 로베르 드 보드리쿠르를 말하는 겁니까? 그는 어떻게 나오던가요?

잔 다르크　　첫 번째 찾아갔을 때는 영주님을 만나지도 못했습니다. 두 번째도 거절당했습니다. 약 3주 뒤에 다시 붉은색 옷을 입고 보쿨뢰르로 갔습니다. 영주님의 부하가 무슨 일이냐고 물어 제가 영주님을 만나러 왔다고 했습니다. 그리고 사순절 중간이 되기 전에 영주님이 나를 세자 샤를에게 데려다 주어야 한다고 말했습니다. 그러자 부하가 나에게 왜 데려다 주어야 하느냐고 묻더군요. 그래서 하느님이 그렇게 하기를 원하신다고 대답했습니다.

김딴지 변호사 영주가 허락해 주었나요?

잔 다르크 아닙니다. 며칠 뒤 보드리쿠르 영주님이 성당의 신부님과 함께 직접 찾아왔습니다. 신부님이 "악령이 있거든 사라지고, 악령이 없다면 가까이 오라!"고 주문을 걸듯이 말했습니다. 저는 무릎을 꿇은 채 신부님께 다가가서 말했습니다. "고해 성사를 통해 제가 독실한 가톨릭 신자임을 알고 계시지 않습니까?"라고요.

김딴지 변호사 판사님, 제가 잠시 보충 설명을 하겠습니다. 보드리쿠르가 원고를 만나 주기는 했다고 합니다. 그 당시 세자 샤를은 시농 성에 있었는데, 보드리쿠르는 그가 오를레앙에 있는 줄 알았다고 합니다. 그래서 겨우 보드리쿠르를 만난 원고가 "시농 성에 있는 세자를 모시고 랭스로 가야 한다"고 말하자, 보드리쿠르가 "세자는 그곳에 없다. 그러니 돌아가라" 하며 비웃었다고 합니다. 그런데 며칠 뒤 세자 샤를이 시농 성에 있다는 전갈이 왔고, 이에 놀란 보드리쿠르가 원고를 찾아갔다고 합니다. 그런데 이런 예지 능력은 악마에게 조종당하는 마녀에게도 있어서, 원고가 마녀인지 아닌지 시험해 본 것이라고 합니다.

판사 그래서 길은 떠났나요?

김딴지 변호사 보드리쿠르는 직접 가지 않고 여섯 명의 기사로 하여금 원고를 호위하도록 했습니다. 그리고 원고를 위해 말 한 필과 칼 한 자루를 주었고 남자로 변장할 수 있도록 옷을 주었습니다. 그는 떠나는 원고를 향해 "가시오! 가서 일어나야 할 일이 일어나게 하시오"라고 말했습니다.

원고는 그 후의 일을 말씀해 주시지요.

잔 다르크　시농 성까지 가는 길은 멀었습니다. 게다가 적에게 들키지 않아야 했으므로 밤을 이용하여 이동했고, 말발굽에는 헝겊을 씌웠습니다. 그렇지만 저는 확신에 차 있었습니다. 성인들이 제가 할 일을 말씀해 주셨기 때문이었습니다. 시농 성에 거의 도달해서 편지를 썼습니다. 세자에게 허락을 받기 위해서였습니다. 그리고 세자에게 도움을 주겠다고 했습니다.

2

잔 다르크는 어떻게
프랑스 왕을 도와주었을까?

김딴지 변호사 드디어 시농 성에 닿았군요. 그다음에 세자 샤를을 만났습니까?

잔 다르크 1429년 3월 1일 저는 마침내 시농 성에 입성했습니다. 저는 세자 주변 사람들에게 인사를 했고, 며칠 뒤 세자 샤를을 만날 수 있었습니다. 그런데 그곳에서 사람들이 저를 시험했습니다.

김딴지 변호사 어떤 시험이었나요?

잔 다르크 여러 신하들 사이에 숨어 있는 세자 샤를을 찾아내는 것이었습니다.

김딴지 변호사 찾아냈습니까?

잔 다르크 천사가 나타나서 세자 샤를의 머리 위에 표식을 보여 주었습니다.

코숑　세자 샤를 위에 어떤 천사가 있었는지 말하라고 해 주세요!

판사　피고는 허락도 받지 않고 아무 때나 나서지 마세요. 흠흠. 그건 그렇고, 어떤 천사였습니까?

잔 다르크　죄송합니다. 답할 수 없습니다. 나는 표식을 보여 드릴 수 없습니다. 그러나 오를레앙에서는 하느님이 저를 보냈다는 증거를 보이겠다고 했습니다.

김딴지 변호사　세자 샤를도 계시를 받았습니까?

잔 다르크　세자 샤를께서도 저를 쓰시기 전에 여러 환영과 훌륭한 계시들을 받으셨습니다.

김딴지 변호사　세자 샤를이 받은 환영과 **계시**들에 대해 말씀해 주시겠습니까?

잔 다르크　제가 말씀드릴 것은 아무것도 없습니다. 세자 샤를께 물으시면 그분이 답하실 것입니다.

김딴지 변호사　세자 샤를은 원고를 쉽게 받아들였습니까?

잔 다르크　세자 샤를은 제게 왜 왔으며 무엇을 원하느냐고 물었습니다. 그래서 저는 "하늘의 군주께서 맡기신 두 가지 소임이 있습니다. 첫째는 오를레앙을 해방하는 일이고, 둘째는 왕을 랭스로 모시고 가 대관식을 올리는 일입니다"라고 대답했어요. 제가 들었던 음성은 제가 세자 샤를께 나아가면 그분이 곧바로 저를 맞아 주리라고 예고했습니다. 제 편의 사람들 또한 그 음성이 하느님께서 보내신 것임을 보고 들어 잘 알고 있었지요. 세자 샤를과 그 밖의 여러 사람

계시
사람의 지혜로는 알 수 없는 진리를 신(神)이 가르쳐 알게 하는 것을 가리키는 말입니다.

들도 제게 오셨던 그 음성을 보고 들었습니다.

김딴지 변호사　　　그러면 바로 원고를 받아들였나요?

잔 다르크　　　아닙니다. 세자 샤를과 단둘이 있는 자리에서 그분만이 아는 비밀을 제가 말하고 나서야 저를 믿기 시작했습니다.

이대로 변호사　　　판사님, 그것은 마녀도 할 수 있는 일입니다! 그러니 원고는 마녀였음이 분명합니다!

판사　　　원고의 이야기를 계속 들어 보지요.

잔 다르크　　　그 뒤에도 세자 샤를은 저를 다 믿지는 않았습니다. 이후 2~3주 동안 저를 좀 더 자세히 조사했지요. 많은 성직자와 학자들이 저에게 질문을 퍼부었고, 마침내 제가 처녀인지 아닌지 검사하기에 이르렀습니다. 그 당시 사람들은 마녀란 정기적으로 악마와 교통하므로 처녀일 수 없다고 믿었습니다. 세자 샤를의 장모를 비롯한 여러 궁정 부인들이 저를 검사해서 제가 진짜 처녀임을 밝혔지요. 저는 화를 내면서 네 가지 예언을 했습니다. 오를레앙 해방, 랭스의 대관식, 파리 탈환, 그리고 아쟁쿠르 전투에서 포로가 된 오를레앙 공작이 살아 돌아온다는 사실 등이 그것이었습니다.

김딴지 변호사 네 가지 예언은 어떻게 결말이 났나요? 다 이루어졌습니까?

잔 다르크 앞의 두 사건은 곧 이루어졌으나, 뒤의 두 사건은 나중에서야 이루어졌습니다.

김딴지 변호사 어쨌든 이루어졌군요. 다른 사람들은 어떻게 해서 원고를 받아들이게 되었나요?

잔 다르크 저의 확고한 태도를 보고 학자들도 저를 믿게 되었습니다. 그들은 세자 샤를에게 "신이 보내서 도움을 주러 온 처녀를 거부하지 말 것"을 주문했고, 저에 대해서는 "악한 모습이라고는 흔적조차 없고 오로지 선량, 겸허, 순수, 정직, 겸손만 지닌 처녀"라고 했습니다. 그리하여 제게 군대를 딸려서 오를레앙으로 보내라고 세자 샤를에게 조언했다고 해요.

판사 원고의 예언을 하나하나 살펴보면 원고를 하느님이 보냈는지 아닌지 알 수 있겠군요.

김딴지 변호사 판사님, 오를레앙 전투에 대해서라면 알랑송 공작

진지
적과 싸울 수 있도록 장비를 갖추고 부대를 배치하여 둔 곳을 말합니다.

과 뒤누아 백작에게 물어보는 것이 더 좋을 듯합니다. 군대의 분위기를 생생하게 전달해 줄 것이기 때문입니다.

판사 좋습니다. 그러면 두 증인은 나와 주세요.

알랑송 공작과 뒤누아 백작이 선서하고 증인석에 앉았다.

김딴지 변호사 증인들은 자신에 대해 간단히 소개해 주십시오.

알랑송 공작 저는 프랑스 파리에서 멀지 않은 알랑송의 공작인 장입니다. 일찍이 잔 다르크를 믿고 그를 여러모로 도왔습니다.

뒤누아 백작 저는 오를레앙 공작 바스타르입니다. 뒤누아 백작을 겸하고 있었습니다.

김딴지 변호사 알랑송 공작께 먼저 묻겠습니다. 오를레앙이 그렇게 중요한 도시인가요?

알랑송 공작 오를레앙은 프랑스 중부에 있는 도시로서 프랑스 왕실의 고향이면서 교통의 요충지입니다. 남부 프랑스로 쫓겨나 있던 세자 샤를이 파리를 탈환하고 영토를 회복하기 위해서는 오를레앙을 반드시 지켜야 했지요. 그런데 영국군이 반년 동안 일련의 진지로 오를레앙을 포위하고 있었습니다.

김딴지 변호사 반년 동안이나 포위를 하고 있었는데도 항복하지 않았다는 말인가요?

알랑송 공작 영국군 병력이 5000명가량이었던 데 비해, 오를레앙은 인구 3만 명의 대도시였습니다. 그러니 주민들이 저항하고 있는

데 그곳에 돌격하여 함락한다는 건 쉽지 않은 일이었지요. 게다가 용병들은 자신의 목숨을 바쳐 싸우려 하지 않기 때문에 위험을 무릅쓰지 않습니다. 그런 용병들에게 돌격 명령은 별 소용이 없었어요. 그렇다 보니 포위가 완벽하지 못했지요. 외부 세계와 완전히 단절되지 않아서 보급품도 들어갔고 소식을 전하는 전령들도 들락거렸습니다.

김딴지 변호사　　원고는 어떤 역할을 했나요?

알랑송 공작　▶잔 다르크의 존재는 프랑스 군대의 사기를 높였습니다. 하느님이 우리를 보호하고 계시다는 확신을 주었기 때문입니다. 병사들은 잔 다르크를 믿고 따랐으며 잔 다르크가 내보이는 승리에 대한 확신에 고무되었습니다. 잔 다르크의 권위는 대단한 것이어서, 누가 욕을 하거나 거친 행동을 하면 그가 누구라도, 심지어 저같이 지체 높은 왕족이나 귀족이라도 꾸짖었습니다.

김딴지 변호사　　당시 상황을 뒤누아 백작께서 설명해 주시겠습니까?

뒤누아 백작　　저의 경험이 잔 다르크에 대한 확신이 어느 정도였는지를 보여 줄 것입니다.

　　프랑스 보급품을 실은 부대가 오를레앙으로 향했습니다. 잔 다르크는 곧장 강을 건너 오를레앙 성문으로 직행할 생각이었습니다. 그러나 그 길목의 강변에는 영국군이 쌓은 투렐이라는 보루가 있어서 쉽지 않을 것으로 예상되었습니다. 저는 그곳을 피해서 몇 킬로미터 더 아래쪽으로

교과서에는

▶ 전쟁 후반기에 나타난 잔 다르크는 땅에 떨어진 프랑스군의 사기를 높여 전세를 역전시키게 됩니다.

내려가서 건너려고 했습니다. 그러자 잔 다르크가 화를 내며 이렇게 말했습니다. "하느님의 이름으로 말하겠어요. 하느님의 충고는 명민하시고 실수가 없습니다. 어떤 장수가 줄 수 있는 도움보다 나의 도움이 낫습니다. 하늘에 계신 주군이 돕기 때문이오"라고 말입니다. 하류에 도착해 보니 역풍이 강하게 불어서 배를 타고 강을 건널 수 없을 지경이었어요. 그러나 잔 다르크가 강가에 도착하여 말을 마치자마자 바람이 순풍으로 바뀐 겁니다. 이때부터 저 역시 잔 다르크에게 희망을 걸기 시작했습니다. 이건 다른 프랑스 병사들도 마찬가지였지요.

김딴지 변호사 그렇게 강을 건너서 안전하게 오를레앙에 들어갔나요?

뒤누아 백작 물론입니다. 오를레앙 시민들은 모두 기쁨에 넘쳐 환호하며 잔 다르크를 맞았습니다. 잔 다르크의 활약으로 적에게서 해방되리라고 희망을 갖게 되었지요. 사람들은 잔 다르크가 탄 말 주변으로 몰려들어 말발굽이라도 만져 보려고 했습니다. 그때 우연히 백합 휘장에 횃불의 불이 옮겨붙었습니다. 백합은 프랑스 왕실의 상징 아닙니까? 그래서 사람들이 불길하다는 생각을 할 수도 있었을 터인데, 그런 생각을 할 틈도 없이 잔 다르크가 신속하고 침착하게 불길을 끄고 놀란 말을 달랬습니다. 그 모습을 본 군중들은 감탄하며 환호했지요.

김딴지 변호사 오를레앙에 대한 영국군의 포위는 어떻게 풀렸나요?

뒤누아 백작 제가 영국군의 보급로를 차단하기 위해 경계를 서다

왜 잔 다르크는 백년전쟁을 이끌었을까?

종군 사제
전투 목적 이외의 일로 군대를 따라 전쟁터로 나간 주교나 신부를 말합니다.

가 피곤해서 눈을 붙이고 있었습니다. 그때 잔 다르크는 다른 여자들과 침대에 누워 있었지요. 그런데 잔 다르크가 벌떡 일어나 저에게 "하느님이 영국군과 맞서 싸우라 하십니다"라고 하더니 무장을 하고 성문으로 달려가는 겁니다.

그때 중상을 입은 프랑스 병사 한 명이 실려 왔지요. 잔 다르크는 몇몇 귀족들의 부대와 함께 영국군의 튼튼한 요새 중 하나인 생루 요새를 공격하여 빼앗았습니다.

알랑송 공작　그뿐만이 아닙니다. 5월 6일에는 오귀스탱 요새를 공격해 격렬한 싸움 끝에 탈환했습니다. 그날 밤 잔 다르크가 종군 사제에게 이렇게 말했다고 합니다. "내일은 일찍 일어나 주세요. 그리고 꼭 내 옆에 있어 주세요. 내일 내가 피를 흘릴 겁니다, 가슴 위쪽에서."

김딴지 변호사　그다음 날 원고가 정말 피를 흘렸나요? 원고의 예언이 맞았나요?

뒤누아 백작　다음 날 동틀 무렵 우리는 가장 튼튼한 투렐 요새를 공격했습니다. 여느 때처럼 잔 다르크는 선봉에 서서 병사들을 격려했습니다. 그러다가 화살을 맞고 쓰러졌어요. 서둘러 잔 다르크의 갑옷을 풀고 지혈을 했습니다. 저는 전투를 중단하는 편이 낫겠다고 생각했지요. 그런데 바로 그때 잔 다르크가 벌떡 일어나 다시 휘장을 들고 열정적으로 병사들을 독려하는 거예요. 결국 밤늦게 요새의 외곽이 무너졌습니다. 잔 다르크가 시내로 들어오자 사람들은 열광했습니다. 그리고 그날 밤 영국군은 오를레앙의 포위를 풀고 철수했습니다.

뛰셀
'처녀'라는 뜻의 프랑스 말입니다.

알랑송 공작   그러한 잔 다르크의 활약으로 인해 모든 프
랑스 인들이 하늘의 뜻이 자신들과 함께한다고 생각하게
되었습니다. 그리고 '신은 기적을 온전히 행사하시며 예정된 언약을
여성을 통해 드러내시고 있다'고 생각하기도 했습니다.

이대로 변호사   판사님! 잔 다르크는 '뛰셀(pucelle)'이라는 별명을
가진 마녀이며, 사탄의 추종자요 끄나풀입니다. 오를레앙 포위가 무
너진 것은 뛰셀이 나쁜 주문과 주술을 부려서이며, 그 주술로 인해
영국군이 지리멸렬하게 패배한 것으로 보입니다. 그것도 모르고 프
랑스 군대는 사기가 충천했지요.

판사   하느님의 기적이든 마녀의 주문이든 프랑스 군대의 사기가
오른 것만큼은 사실이로군요. 원고 측 변호인은 계속 신문하세요.

김딴지 변호사   오를레앙 전투 이후에는 어떻게 되었습니까?

알랑송 공작   잔 다르크는 오를레앙을 떠나 세자 샤를과 합류했습
니다. 잔 다르크는 세자 샤를이 서둘러 랭스로 가서 대관식을 해야
한다고 말했습니다. 잔 다르크는 "신의 딸아! 가라, 가라, 가라. 내가
도우마. 가라!"라는 음성을 들었다고 말했습니다.

판사   잠깐만요. 세자 샤를의 아버지 샤를 6세, 그러니까 정신 착
란에 걸렸던 왕은 1422년에 죽었는데 세자 샤를은 왜 왕이 되지 못
했나요? 트루아 조약 때문입니까? 원고는 세자 샤를을 왕으로 생각
하면서도 그렇게 부르지 않는 건 왜이죠? 그리고 왜 하필 랭스에서
대관식을 합니까, 파리가 아니라?

김딴지 변호사　제가 말씀드리겠습니다. 그건 오랜 전통 때문입니다. 프랑스 왕은 신으로부터 권력을 받습니다. 랭스에서 대관식을 하는 전통이 생긴 것은 496년 프랑크 왕국을 세운 클로비스가 랭스에서 기독교로 개종하고 대관식을 했기 때문입니다. 그 이후로 프랑스의 왕은 반드시 랭스에서 대주교가 주관하는 대관식에서 왕관을 머리에 쓴 이후에야 왕권을 행사할 수 있었습니다. 신하와 백성들도 모두 랭스에서 대관식을 마친 왕을 신성한 왕으로 인정하고 복종했습니다.

판사　그래서 원고가 굳이 랭스로 세자 샤를을 모시고 가려고 했던 것이군요. 그래서 랭스에서 대관식을 치렀나요?

알랑송 공작　당시 북부 프랑스가 여전히 영국군 손아귀에 있었기 때문에 마음 편히 대관식을 치를 형편이 못 되었습니다. 게다가 랭스는 부르고뉴 공작의 세력권 안에 있어서 가는 데 위험하기도 했고요. 그래서 세자 샤를은 프랑스의 나머지 부분을 회복한 다음에 대관식을 치르는 것이 좋겠다고 말했지요. 나라가 적들의 손아귀에 있는데 잔치를 벌일 수는 없지 않겠습니까?

김딴지 변호사　그럼 적들이 점령한 땅을 되찾기 위해 원고가 다시 전장에 나섰겠군요?

알랑송 공작　그렇습니다. 잔 다르크는 일단 오를레앙에서 랭스로 가는 길목에 있는 도시들을 점령하기 위해 싸웠습니다. 누구보다도 용감하게 돌격하는 잔 다르크를 보고 프랑스 병사들은 사기충천했고 영국군 병사들은 낙담하고 두려워했어요. 심지어 트루아에서는

전투를 시작하지도 않았음에도 잔 다르크가 기습할 조짐
이 보이자 시민들이 지레 항복을 했지요.

김딴지 변호사　　　그래서 랭스까지 거침없이 나아갔나요?

알랑송 공작　　　네. 마침내 1429년 7월 16일 세자 샤를이 랭스에 입성
했고, 다음 날 랭스에 있는 대성당에서 대관식을 했습니다. 랭스 대
주교는 1000년 전에 클로비스가 사용했던 성유를 샤를 7세의 머리
에 부었습니다. 그리고 저를 비롯한 귀족들은 칼과 망토를 드렸습니
다. 마침내 세자 샤를이 프랑스 왕 샤를 7세가 된 것이지요.

성유
하느님에게 봉헌하여 거룩하게
한 기름으로 의식 때 사용합니다.

김딴지 변호사   마침내 원고의 뜻이 이루어졌군요!

잔 다르크   고귀하신 왕을 랭스로 모신 것은 하느님의 뜻이었습니다. 마침내 그 뜻이 이루어진 것이었지요. 프랑스는 전하에게 복종하게 될 것이었습니다. 사람들은 환호했습니다.

3

잔 다르크는 어떻게
포로가 되었을까?

김딴지 변호사   샤를 7세가 대관식을 한 뒤 원고는 고향으로 돌아
갔나요?

잔 다르크   아닙니다. 아직 하느님께서 부여하신 의무가 남아 있었
습니다. 우선 영국군을 프랑스 땅에서 몰아내고 프랑스 왕의 권위를
드높이는 일이 남아 있었고요, 대신 같은 프랑스 사람인 부르고뉴
공작과는 화해해야 했지요.

샤를 7세   나도 그렇게 생각했어요. 그래서 잔 다르크에게 알리지
않은 채 부르고뉴와 협상을 벌였지요. 내가 왕이 되었으니 칼보다는
외교가 더 적합한 무기가 아니겠어요? 그런데 내가 너무 순진했소!
부르고뉴 공작은 내게는 화해하자고 하고는 영국에게서 돈을 받고
파리를 사수하겠다고 약속했어요. 영국군은 이미 칼레에 상륙해서

파리로 진군하고 있었지요.

잔 다르크　　그래서 제가 파리를 공격해야 한다고 하지 않았습니까?

샤를 7세　　내 신하들은 파리를 직접 공격하는 것보다는 랭스와 루아르 강 사이의 여러 도시들을 먼저 점령해서 서서히 파리를 압박해 나가야 한다고 했어요. 그래서 그 말을 따랐지요. 사실 내 군대가 파리를 향해서 진군했어요. 도중에 동쪽으로 방향을 바꾸기는 했지만……

잔 다르크　　랭스에서 파리로 바로 진격했어야 했어요.

알랑송 공작　　제가 왕을 설득해서 파리로 진격했습니다. 그런데 잔 다르크가 서두른 감이 없지 않습니다. 파리를 공격했던 9월 8일은 마리아 탄생 축일이었어요. 축일에 전투를 하는 것은 죄악입니다. 게다가 파리는 성채가 견고합니다.

　　결국 잔 다르크는 적이 쏜 화살을 정강이에 맞았습니다. 옆에 있던 기사도 얼굴을 맞고 쓰러졌지요. 그래서 후퇴해야 했습니다.

잔 다르크　　저는 음성의 명령에 제대로 따르지 않았습니다. 그것이 파리 공격에 실패한 원인입니다.

김딴지 변호사　　결국 파리 공격은 실패했군요.

샤를 7세　　그것은 무모한 공격이었습니다. 파리를 항복시키기는 힘듭니다. 그러니 부르고뉴와 화해함으로써 왕국의 평화를 가져오고 왕권을 안정시켜야 했지요. 잔 다르크는 정치를 잘 몰라서 무모한 공격을 한 것입니다.

김딴지 변호사　　원고를 지지하던 사람들은 어찌 되었나요?

알랑송 공작　왕 주변에는 평화를 주장하는 사람들로 가득 차 있었습니다. 저처럼 잔 다르크를 지지하던 사람들은 여러 전쟁터로 파견되어 나가 그 힘이 약해져 있었습니다.

잔 다르크　그렇지만 영국군을 몰아내는 일을 멈출 수는 없었습니다. 가을에 왕의 군대를 따라서 중부 지방으로 내려가 영국군을 몰아내는 일을 했습니다. 그러나 11월에 있었던 몇 번의 전투에서 목표물의 점령에 실패하자, 사람들은 저의 신비로운 능력을 의심하기 시작했습니다. 사람들은 음성이 제 곁을 떠났다고 수군댔지요.

샤를 7세　그래도 아직도 많은 사람들이 잔 다르크를 믿고 있었으므로, 나는 잔 다르크의 가족을 귀족으로 만들어 주었습니다. 하느님의 위대한 힘은 동레미에서 온 잔 다르크라는 처녀를 통해서 실현되었어요.

김딴지 변호사　원고의 능력이 아니라 하느님의 능력이라는 말인가요?

샤를 7세　그렇습니다. 프랑스 왕실은 오랫동안 신의 은총을 받아 왔습니다. 그리고 그것은 미래에도 계속될 것입니다. 잔 다르크 덕택에 내가 왕이 된 것이 아닙니다. 잔 다르크가 보여 준 군사적 용맹함에 대해서는 충분히 보상했으니, 그 보상을 받고 고향으로 돌아갔어야 했습니다. 그런데 잔 다르크는 돌아가지 않았어요.

잔 다르크　영국과 부르고뉴의 군대가 랭스 쪽으로 내려오고 있는데 어떻게 고향으로 돌아갈 수 있었겠습니까? 칼레에서 출발한 적들은 칼레와 랭스의 중간 지점인 콩피에뉴 근처까지 내려왔습니다.

콩피에뉴 시민들은 여전히 샤를 7세 국왕에게 충성을 바치고 있었으므로 위험에 처해 있었지요. 저는 콩피에뉴를 향해 바로 출발했습니다.

김딴지 변호사　왕에게 말도 하지 않고 출발했다는 건가요?

잔 다르크　그렇습니다. 병사 200명을 데리고 출발했습니다. 4월 22일경이었습니다. 그런데 그때쯤 콩피에뉴 근처 플뢰에서 성 카트린과 성 마르그리트의 음성을 들었습니다. 세례 요한 축일(6월 24일) 이전에 포로가 될 것이라고 했지요. 그러나 하느님이 도우실 것이니 두려워 말라고도 했습니다. 그래서 저는 포로가 될 거라면 고통을 오래 겪지 않고 바로 죽게 해 달라고 **간구**했습니다.

간구
간절히 바라고 구한다는 뜻이지요.

김딴지 변호사 그게 언제쯤이었나요?

잔 다르크 5월 초입니다. 콩피에뉴는 랭스와 파리로 가는 교차점에 있어서 중요했습니다. 5월 23일 부르고뉴의 군대가 플룅 쪽으로 다가오고 있었습니다. 우리가 먼저 그들을 공격했고, 처음에는 성공하는 듯이 보였습니다. 그러나 부르고뉴 군대의 반격이 너무도 강하여 후퇴할 수밖에 없었습니다. 다른 프랑스 군대들이 후퇴하여 플룅 시로 들어갔고, 시를 지키던 지휘관은 성으로 들어가는 다리를 들어 올려서 외부에서 부르고뉴 군대가 들어오지 못하게 했습니다. 그러나 저는 그 사실을 모른 채 소수의 병사들과 싸우다가 결국 부르고뉴 군대의 포로가 되고 말았습니다.

김딴지 변호사 아무도 원고를 구해 주지 않았나요?

잔 다르크 부르고뉴 공작은 샤를 7세에게 석방금을 요구했지만 샤를 7세는 거절했습니다. 프랑스 사람들이 포로로 잡혀 있는 영국군 사령관과 잔 다르크를 교환하게 해 달라고 간청했지만 샤를 7세는 꼼짝하지 않았습니다. 영국에 동조하던 파리 대학의 교수들은 나를 종교 재판에 넘기라고 했습니다.

김딴지 변호사 왜 종교 재판을 받아야 했나요? 그들은 원고를 바로 죽일 수도 있지 않았나요?

코숑 그것에 대해선 내가 대답하겠소이다. 잔 다르크가 음성을 듣고 하느님의 명령을 수행한다고 주장했기 때문입니다. 영국군의 사기가 떨어졌던 것도 하느님이 프랑스를 도와준다고 믿었기 때문이지요. 그러니 무엇보다 중요한 것은 잔 다르크가 하느님의 종이 아니라 마녀라는 것을 증명하는 것이었습니다.

잔 다르크　샤를 7세가 구해 주지 않았으므로, 저는 1만 프랑이라는 엄청난 대가를 지불한 영국군의 손아귀에 들어가게 되었습니다. 그리고 종교 재판을 받게 되었어요.

김딴지 변호사　계속 갇힌 채 종교 재판을 기다렸나요?

잔 다르크　탈출을 시도했지만 실패했습니다. 높은 곳에서 밧줄을 타고 나오려고 하다가 밧줄이 끊겨 다치기도 했고요. 결국 무위로 돌아가 종교 재판을 받을 수밖에 없었습니다.

김딴지 변호사　이상으로 원고 신문을 마치겠습니다.

판사　오늘은 원고가 샤를 7세를 도와 대관식을 올리게 한 과정과, 그 뒤 부르고뉴 군대 및 영국군과 싸우다 결국 포로가 된 일에 대해 들었습니다. 다음 재판에서는 원고에 대한 종교 재판이 어떻게 진행되었는지 상세히 알아보겠습니다.

땅, 땅, 땅!

다알지 기자

안녕하세요? 역사공화국 법정 뉴스의 다
알지 기자입니다. 잔 다르크 대 피에르 코숑의
재판 둘째 날인 오늘은 원고인 잔 다르크가 직접
증언을 했습니다. 오늘의 증언과 신문 내용은 영국
과 프랑스 간 전투와 잔 다르크의 활약에 대한 것으로 주로 원고 측 증
인들이 나왔습니다. 잔 다르크를 비롯하여 샤를 7세, 알랑송 공작, 뒤
누아 백작 등이 나와서 증언했지요. 드디어 피고인 코숑 대주교가 나
왔습니다만 짧게 증언을 마쳤습니다. 어제는 주로 영국의 승리에 대한
증언이 나왔지만, 오늘은 잔 다르크의 등장 후 프랑스 측이 거둔 승리
에 대해 질문이 오고 갔지요. 그럼 지금부터 원고 측 증인이었던 샤를
7세와 이대로 변호사를 모시고 오늘 재판에 대해 어떻게 느꼈는지 인
터뷰해 보도록 하겠습니다.

샤를 7세

    오늘 재판은 전쟁에 대한 것이었기 때문에 제 평판에 좋지 않은 영향을 미칠 수 있었습니다. 나는 불만이 많습니다. 판사를 비롯하여 우리 편 증인들조차 나를 겁쟁이 취급을 했어요. 물론 내가 전쟁을 싫어해서 영국에게 밀려난 것은 사실이지만, 그래도 겁쟁이 취급을 하면 곤란하지. 어쨌거나 잔 다르크가 신으로부터 계시를 받고 나를 랭스로 데리고 가서 대관식을 해 준 것은 확실히 증언할 수 있습니다. 잔 다르크를 통해 하느님의 능력이 실현된 것이었죠.

이대로 변호사

　오늘 심리에 대해서는 나도 불만이 많습니다.
우리 측에는 말할 기회도 주지 않고 순전히 잔 다르
크의 업적만 나열했잖아요? 너무 편파적이에요. 영국도
잘 싸웠어요. 게다가 잔 다르크는 마녀 아닌가요? 신의 음성을 들었다
는 것을 정말 믿을 수 있을까요? 피고 코숑도 이야기했지만 그건 그저
잔 다르크의 내면의 음성이었다는 의견에 더욱 신빙성이 있겠네요. 결
국 잔 다르크의 욕심이 아니었는지 의심스럽습니다.

중세 시대 여성의 삶

잔 다르크가 살았던 시대는 중세 시대입니다. 중세 시대란 유럽 역사에서 주로 이야기되는 말로, 5세기경부터 르네상스와 더불어 근세가 시작되기 전인 15세기까지의 시기를 가리키는 말이지요. 이 시기 여성들의 삶은 어떠했는지 그림을 통해 살펴보아요.

중세 시대의 전쟁 장면

중세 시대는 종교가 많은 의미를 차지하였던 시기이자, 전쟁이 끊이지 않은 시기이기도 하지요. 이러한 시대를 에드가 드가는 1861년에 그림으로 표현합니다. 기마병들의 모습과 대조적으로 고통 받고 쓰러져 있는 여성들이 보이는데, 그 모습이 매우 비참하지요. 이처럼 전쟁은 군인들은 물론 여성들에게도 매우 끔찍하고 고통스러운 일이었습니다.

달력 속 2월과 6월

부르고뉴의 한 부유한 대공이 랭부르 형제에게 주문해서 만든 기도서에 붙은 달력입니다. 1월부터 12월까지 각각의 시기에 맞는 그림이 그려져 있지요. 이 중에서도 2월과 6월을 보면 열심히 노동해야 하는 여성들의 생활을 짐작할 수 있습니다. 2월에는 실내에서 옷을 만들거나 가축을 키우는 일을 해야 하고(왼쪽 그림), 6월에는 밭에 나가 일을 해야 했지요(오른쪽 그림).

<샬롯의 아가씨>

존 윌리엄 워터하우스의 작품으로 1888년에 그려졌습니다. 작품 자체는 중세 시대에 그려진 것이 아니지만 이 작품이 그려진 배경은 중세 시대에서 찾을 수 있지요. 이 그림은 영국의 시인인 알프레드 테니슨이 쓴「샬롯의 아가씨」를 그림으로 표현한 것으로, 이 이야기는 아서 왕 전설에 나옵니다. 샬롯의 아가씨는 바깥세상을 봐서는 안 된다는 저주에 걸려 있었고, 우연히 기사 랜슬롯에게 운명적 사랑을 느끼지요. 샬롯의 아가씨는 랜슬롯을 만나기 위해 바깥세상으로 나가 배에 오르지만 결국 숨을 거두고 맙니다.

<아르놀피니의 결혼>

얀 반 에이크에 의해 1434년에 그려진 이 그림은 이탈리아 상인인 조반니 아르놀피니가 약혼자의 손을 잡고 실내에 나란히 서서 결혼 선서를 하는 모습을 담고 있습니다. 등장 인물 사이에 있는 거울에는 이 결혼의 증인으로서 화가의 모습도 비춰지지요. 진지하고 엄숙한 표정의 남자와, 부끄러운 듯 고개를 살짝 숙인 여자의 모습이 보입니다. 결혼이라는 엄숙한 약속을 하는 자리인 만큼 결혼하는 여자와 남자 모두 긴장된 모습입니다.

잔 다르크가 마녀사냥을 당한 이유는 무엇일까?

1. 종교 재판은 어떻게 진행되었을까?
2. 잔 다르크에 대한 후세의 평가는 어떠했을까?
3. 다른 나라에서는 잔 다르크를 어떻게 평가했을까?

교과연계

세계사
IV. 지역 경제의 성장과 교류의 확대
　3. 중세 유럽 세계의 성장과 쇠퇴
　　(4) 중세 유럽 세계의 위기와 변화

종교 재판은 어떻게
진행되었을까?

판사   오늘은 원고에 대한 종교 재판이 어떻게 진행되었는지 알아
보기로 했는데요, 어느 쪽에서 먼저 변론하시겠습니까?

이대로 변호사   판사님, 원고 잔 다르크와 당시 종교 재판을 주재했
던 피고 코숑을 불러 진술을 듣고자 합니다.

판사   허락합니다.

갑옷을 입은 잔 다르크가 의연히 걸어 나오는 뒤로 완고한 표정의
코숑이 느릿느릿 걸음을 옮겼다.

이대로 변호사   종교 재판이 있기까지 어떤 일이 있었나요?

잔 다르크   제가 포로가 된 뒤에도 한참 동안 제 몸값을 두고 흥정

이 이루어졌습니다. 결국 영국군이 저를 프랑스 북부의 루앙으로 데리고 갔어요. 그곳에서 이 소송의 피고인 피에르 코숑에게 재판을 맡겼지요.

이대로 변호사　왜 하필 피고가 그 종교 재판을 맡게 되었나요?

코숑　저는 보베의 대주교였습니다. 파리 대학에서 법률을 가르쳤고 여러 번 학장을 역임했으니 판사로서는 적임자라고 할 수 있었지요. 게다가 제가 영국 편에 서 있었으니까요. 그래도 저는 사제로서 재판을 공정하게 진행하려고 했습니다. 60명이나 되는 배석 판사를 지명했고 파리 대학 박사들도 여러 명 참여시켰습니다. 그리하여 1431년 2월 21일에야 공개 재판이 시작되었습니다. 잔 다르크가 포로가 된 게 1430년 5월 23일이었으니까 거의 9개월 만에 열린 셈이지요.

이대로 변호사　재판은 어떻게 진행되었습니까?

코숑　재판의 목적은 잔 다르크가 마녀임을 증명하는 데 집중되어 있었습니다. 즉 잔 다르크가 들었다는 음성의 실체가 무엇인지, 그녀가 성자나 천사를 본 것이 사실인지 또는 그녀가 들었다는 계시가 악마의 것은 아닌지, 그리고 갑옷을 입고 남자 옷을 입은 이유가 무엇인지를 물었습니다.

이대로 변호사　원고가 전투를 하려니 남자 옷을 입어야 했던 것 아닌가요?

코숑　비록 그렇다고 하더라도, 여자가 남자 옷을 입는 것은 하느님이 정해 주신 여성과 남성의 구분을 부정하는 것입니다. 그래서

신성 모독
하느님이 지니고 있는 특성, 곧 신령성, 전능성, 전지성, 공의성, 지선성을 모독하는 행위를 말합니다.

여자가 남자 옷을 입는 것은 신성 모독일 가능성이 있었습니다.

이대로 변호사 중세의 종교 재판은 아주 복잡하군요.

코숑 그렇습니다. 그러니 제가 종교 재판을 직접 재현해 보이는 것이 어떻겠습니까?

이대로 변호사 재현이오? ……그건 판사님의 허락이 필요하겠는데요.

판사 흠…… 그것도 괜찮은 생각이군요. 하지만 이상한 점이 있으면 내가 바로 질문하겠습니다.

코숑 그렇게 하십시오. 이제 잔 다르크에 대한 종교 재판을 재현하겠습니다. 판사는 바로 저 피에르 코숑이고 피고는 잔 다르크입니다.

잔 다르크 세상에…… 저를 두 번 죽이려 하시는군요.

코숑 잔 다르크, 모든 질문에 진실되게 답변하겠느냐?

잔 다르크 저는 당신이 무엇을 묻고자 하는지 모릅니다. 혹 제가 답할 수 없는 것을 물을 수도 있지 않겠습니까?

코숑 너는 신앙의 문제와 네가 아는 것에 관해 묻는 바에 진실을 말하겠노라고 선서하겠느냐?

잔 다르크 제 아버지와 어머니, 그리고 제가 프랑스에서 한 일들에 관해서라면 기꺼이 그렇게 하겠다고 선서하겠습니다. 하지만 하느님께서 제게 주신 계시들에 관한 한 저는 왕이신 샤를 한 분을 빼고 어느 누구에게도 밝힌 적이 없습니다. 이는 제 목이 잘

리는 한이 있어도 밝히지 않을 것입니다. 왜냐하면 저는 환시에 의해서, 즉 저의 내밀한 마음속 다짐으로 어느 누구에게도 이를 밝히지 말라는 명령을 받았기 때문입니다.

코숑　좋다. 그러면 네가 기독교인인지 알아보아야겠다. 주기도문을 외어 보아라.

잔 다르크　제가 고해를 할 수 있게 해 주시면 기꺼이 그렇게 하겠습니다. 몸을 묶은 쇠사슬과 족쇄를 벗겨 주십시오.

코숑　네가 탈출을 시도한 적이 있으므로 벗겨 줄 수 없다.

잔 다르크　탈출하려 했던 것은 사실이지만, 탈출은 갇힌 자로서 당연한 권리 아닙니까?

코숑　어쨌든 재판을 시작하자.

　무릇 부모를 공경해야 할진대, 네 아버지나 어머니의 허락도 없이 고향을 떠난 것에 대해 잘했다고 생각하느냐?

잔 다르크　집을 떠난 것을 빼고 다른 모든 일에서 저는 부모님께 순종했습니다. 그리고 떠나고 나서 두 분께 편지를 올려 사정을 말씀드렸고, 그분들도 저를 용서하셨습니다.

코숑　네가 들었다는 음성과 네가 보았다는 그 환영들에 대해 묻겠다. 그 사실에 대해 본당 신부나 다른 성직자에게 고한 적이 있느냐?

잔 다르크　아니요. 오로지 로베르 드 보드리쿠르와 저의 왕께만 말씀드렸습니다. 그 음성들이 숨기라고 요구한 적은 없습니다만,

성인

교회에서 일정한 의식에 의하여
성덕이 뛰어난 사람으로 선포한
사람을 말합니다.

저는 만일 발설할 경우 부르고뉴파의 귀에 들어가 그자들이 저의 여행을 방해할까 봐 무척 두려웠습니다. 게다가 아버지가 제가 떠나는 것을 가로막지나 않을까 걱정했습니다.

코송　네가 그 어린 나이에 영국인들이 프랑스를 공격하리라는 것을 음성으로 계시받았다는 것이냐?

잔 다르크　그 음성이 제게 오기 시작했을 때 이미 영국인들은 프랑스에 와 있었습니다.

코송　너에게 나타난 음성은 천사의 모습을 한 자의 소리였는가, 아니면 신에게서 직접 온 것인가, 아니면 어떤 성인(聖人)의 목소리였는가?

잔 다르크　음성은 하느님에게서 나온 것이었습니다. 하느님을 믿는 것처럼 그것이 하느님의 음성이었다는 것도 믿고 있습니다.

코송　너는 오를레앙에서 부상당한 적이 있다. 네가 부상을 입으리라는 것을 미리 알고 있었느냐?

잔 다르크　저는 그걸 잘 알고 있었고, 이에 대해 왕께도 말씀드렸습니다. 두 성인, 즉 복 받으신 카트린과 마르그리트의 음성으로 그것을 계시받았습니다. 저는 그 교량의 요새 위에 맨 처음으로 사다리를 놓았습니다. 그리고 이 사다리를 들어 올릴 때, 말씀드렸다시피 목에 화살을 맞았습니다.

코송　네가 위험을 모면하리라는 계시를 받은 적이 있느냐?

잔 다르크　그 질문은 재판과 관련이 없습니다.

코숑　그 음성들이 네게 무언가 알려 주지 않았단 말이냐?

잔 다르크　그 역시 재판과 상관없는 질문입니다. 나의 주님께 저를 맡깁니다. 맹세코 저는 제가 무사히 풀려날 날짜와 시각을 알지 못합니다.

코숑　그래도 그 음성들이 무언가를 대충이나마 알려 주지 않았느냐?

잔 다르크　네, 맞습니다. 그 음성들은 제가 무사히 풀려나리라고 말씀하셨습니다. 하지만 저로서는 날짜도 시각도 모르며, 이런 상황에 대해 아무런 불만이 없습니다.

코숑　믈룅에 있을 때부터 네가 사로잡히리라는 계시의 음성을 들었다고 하지 않았느냐?

잔 다르크　여러 번, 그것도 거의 날마다 들었습니다. 저는 그 음성들에게 만일 제가 붙잡히면 오랫동안 갇혀 고생하지 않고 곧바로 죽게 해 달라고 청했습니다. 하지만 그 음성들은 무슨 일이 닥치든 꿋꿋하게 감수하라고 말씀하셨습니다. 저는 그게 정확히 언제인지 여러 번 물었습니다만, 아무런 대답도 듣지 못했습니다.

코숑　만일 네가 들었다고 하는 음성이 탈출하라고 명하고 또 네가 붙잡히리라고 미리 알려 주었다면, 그래도 너는 거기에 갔겠느냐?

잔 다르크　제가 정확히 언제 붙잡히리라는 것을 알았다면 기꺼이 거기에 가지는 않았을 것입니다. 하지만 제게 무슨 일이 일어나든지 간에 결국에는 그분이 명하신 대로 했을 것입니다.

코숑　네가 콩피에뉴에서 빠져나가려고 했을 때, 너는 탈출하라는 음성을 들었느냐?

잔 다르크　그날 저는 제가 붙잡히리라는 것을 전혀 몰랐고 탈출하라는 명도 받지 못했습니다. 하지만 그 음성은 제가 포로가 되리라고 늘 말씀하셨습니다.

코숑　음성은 너에 관한 일 말고도 프랑스 사람들에게 무슨 일이 일어나리라고 말했느냐?

잔 다르크　7년 안에 영국인들은 그들이 오를레앙 앞에서 그랬던 것보다 더 큰 몫을 잃을 것이고, 결국 프랑스 전체를 잃을 것입니다. 영국인들은 과거의 그 누구보다도 프랑스에 의해 커다란 손실을 입을 것이며, 하느님이 프랑스 인들에게 안겨 주실 커다란 승리에 의해서 그럴 것입니다.

코숑　그걸 어떻게 아느냐?

잔 다르크　제가 받은 계시로 그런 일이 7년 안에 일어나리라는 것을 똑똑히 압니다. 이 일이 더 늦어진다면 몹시 화가 날 것입니다.

코숑　그 일이 언제 일어나겠느냐?

잔 다르크　날짜와 시간은 알지 못합니다.

코숑　그럼 어느 해에 일어나겠느냐?

잔 다르크　답할 수 없습니다. 하지만 저로서는 성 세례자 요한 축일 이전에 일어났으면 좋겠습니다.

코숑　너는 성 카트린과 성 마르그리트가 영국인들을 증오한다고 생각하느냐?

잔 다르크　그분들은 우리의 주님이 사랑하시는 것을 사랑하시고, 하느님께서 미워하시는 것을 미워하십니다.

코숑　하느님께서는 영국인들을 미워하시느냐?

잔 다르크　하느님께서 영국인들을 사랑하시는지 미워하시는지, 하느님께서 그들의 영혼을 어찌하시려 하는지 전혀 모릅니다. 하지만 이 땅에서 죽은 이들을 제외하고 그들이 프랑스 밖으로 쫓겨나리라는 것과 하느님이 프랑스 인들에게 승리를 안겨 주시리라는 것은 알고 있습니다.

코숑　성 마르그리트가 너에게 영어로 말하였느냐?

잔 다르크　그녀가 영국에서 나지 않았는데 어찌 영어로 말하겠습니까?

판사　피고가 성 카트린과 성 마르그리트, 그리고 하느님에 관해 질문한 것은 함정 질문입니다. 피고 자신은 성 마르그리트가 어떤 언어로 말하는지 아시오? 그런 질문은 자제해 주시기 바랍니다.

코숑　알겠습니다. 당시 그렇게 질문을 해서요…….

코숑　그러면 네가 본 성인들이 머리에 쓴 관과 함께 금반지나 그 밖에 다른 것을 가지고 있더냐?

잔 다르크　전혀 모르겠습니다.

코숑　하느님이 너를 보냈다는 것을 입증하기 위해 어떤 증거를 보여 주었느냐?

잔 다르크　여러 번 말씀드렸다시피 제 입에서 대답을 끌어낼 수는 없을 것입니다. 가서 왕께 물어 보십시오.

코숑　너는 재판에 관련된 질문에 대답하겠다고 서약하지 않았느냐?

잔 다르크　거듭 말씀드렸다시피, 왕과 관련된 질문에는 답변하지 않을 것입니다.

코숑　네가 왕에게 제시한 증거를 전혀 기억하지 못한단 말이냐?

잔 다르크　제게서 그 답변을 들을 수는 없을 것입니다. 저는 비밀을 지키겠다고 약속했기 때문에 아무런 답변도 드릴 수 없습니다. 제가 이 자리에서 답변한다면 거짓 맹세의 죄를 짓게 될 것입니다.

코숑　누구에게 그런 약속을 했다는 말이냐?

잔 다르크　성 카트린과 성 마르그리트에게 했고, 이를 왕께도 밝혔습니다. 그 약속은 두 분 성인께서 요구하신 게 아니라 제가 자청한 것입니다. 그리하지 않는다면 너무 많은 사람들이 제게 물을 것이었기 때문입니다.

판사　잠깐만요! 피고, 지금까지의 신문으로 봐서는 원고가 마녀라는 증거가 약해요. 원고는 당신이 파 놓은 함정과 유도 신문을 너무나 영악하게 잘 피해 가고 있어요. 게다가 당신의 질문은 횡설수설 종잡을 수가 없고요.

코숑　제 질문이 왔다 갔다 한 것은 사실이지만, 잔 다르크가 마녀

이단
전통이나 권위에 반항하는 주장이나 이론을 가리키는 말로, 여기서는 자기가 믿는 종교의 교리에 어긋나는 이론이나 행동을 말합니다.

임에는 틀림없습니다. 제가 기어코 밝히고 말겠습니다.

판사   지금까지 질문했지만 아무 소용이 없지 않소?

코숑   알겠습니다. 마지막으로 남자 옷을 입은 것은 분명히 이단입니다. 그러니 그 점에 대해 신문하도록 허락해 주십시오.

판사   좋아요. 마지막입니다.

코숑   남장을 하는 것이 나쁜 짓이라는 생각이 들지 않았느냐?

잔 다르크   아니요. 하느님의 뜻을 따르고 하느님께 충성하기 위해서 남자 옷을 입은 것입니다.

코숑   그렇다면 그 음성이 남자 옷차림을 하라고 네게 명했느냐?

잔 다르크   제가 한 모든 좋은 일은 음성의 명령에 따른 것입니다.

코숑   네가 미사를 보고 싶다고 청하지 않았느냐? 그렇다면 여자 옷을 입는 것이 단정한 일일 것이다. 여자 옷을 입고 미사를 보겠느냐, 아니면 그대로 남자 옷을 걸치고 미사 보기를 단념하겠느냐?

잔 다르크   제가 여자 옷차림을 하면 미사를 보게 해 주겠다고 먼저 약속하십시오. 그러면 대답하겠습니다.

코숑   네가 여자 옷을 입으면 미사를 보도록 해 주겠다고 약속한다.

잔 다르크   바닥까지 내려오는 뒷자락이 없는 긴 드레스를 지어서 제게 빌려 주시면 미사에 입고 가겠습니다. 하지만 돌아와서는 다시 제가 입던 옷을 입겠습니다.

코숑   아주 고집이 세구나! 그럼 마지막으로 가장 중요한 질문을 하겠다. 교회의 결정에 따를 것인지 우리에게 말하여라.

잔 다르크   저를 보내신 주님과 성모님과 천국에 계신 복 받으신 모든 성인들께 저를 맡깁니다. 하느님과 교회는 결코 다르지 않다고 확신합니다. 교회를 사랑하며, 신앙을 위해 온 힘을 다해 교회를 떠받들고 싶습니다. 마찬가지로 저의 업적과 소명에 관한 것은 모두 하늘에 계신 군주에게서 나온 것입니다.

코숑   하느님과 성인들과 천사들과 구원받은 영혼들이 거하시는 승리하는 교회가 있고, 그리스도의 대리자인 우리의 교황 성하와 추기경들과 고위 성직자들과 일반 성직자들과 모든 선량한 기독교인과 가톨릭교도들로 이루어진 지상의 교회가 있다. 이들이 모여 이루어진 이 교회는 실수하는 법이 없으며 성령의 인도를 받는다. 너는 지상의 교회, 즉 이렇게 선언된 교회의 결정에 따르겠느냐?

잔 다르크   저는 하느님의 말씀에 따라 프랑스를 위해 나섰습니다. 천상의 교회가 나를 프랑스 왕에게 보낸 것입니다. 제가 이룬 모든 행위와 내가 앞으로 이룰 행위는 바로 그 천상 교회에 바쳐지는 것입니다. 그러므로 지상 교회에 승복할 것이냐 하는 문제는 지금 답변할 것이 아닙니다. 지상의 교회에 따라야 하지만, 하느님께 충성하는 것이 우선입니다.

코숑   지상의 교회 입장에서 보면 잔 다르크는 다음과 같은 죄를 저질렀다. 마법사, 점쟁이, 거짓 예언자, 가톨릭 신앙의 모든 문제에 관한 잘못된 생각, 사람의 피에 굶주려 잔인하게 유혈을 조장하면서 전쟁을 교사한 죄, 부적절한 복장을 하고 전사 행세를 하며 남녀의 예의범절을 망각한 죄 등. 무엇보다 교회에 순종하기를 거부한 것은 큰 죄이다!

판사   그래서 재판은 어떻게 되었습니까?

이대로 변호사   제가 말씀드리겠습니다. 지금까지 보신 잔 다르크의 재판은 두 달 동안 중단되었습니다. 그동안 코숑은 잔 다르크의 마음을 돌리기 위해 노력했지요. 코숑이 원하는 것은 교회의 판결을 받아들이라는 것이었습니다. 즉 잔 다르크가 들은 음성이 하느님의 것이 아니라고 인정하라는 것이었습니다. 이러한 코숑에게 무슨 잘못이 있단 말입니까? 그 이후에도 코숑은 잔 다르크를 살리기 위해 노력했습니다. 그럼 피고 코숑이 그 이후 어떻게 했는지 직접 듣도록 하겠습니다.

코숑　　재판이 5월에 재개되었을 때 잔 다르크에게 찾아갔습니다. 이번에는 겁을 주어서 마음을 돌려 볼 생각이었습니다. 잔 다르크에게 이글거리는 불덩이와 집게 등 고문 기계들을 보여 주며 겁을 주었습니다. 이 모든 것은 잔 다르크가 교회의 결정을 받아들이도록 만들기 위해서였습니다. 그런데도 잔 다르크는 거부했습니다.

잔 다르크　　뼈가 부서지고 내 몸에서 심장이 도려내어진다고 할지라도 달리 말할 것이 없었습니다. 내가 무슨 말을 달리 했다면 그것은 당신들의 고문 때문이었다고 반드시 말했을 것입니다. 그러나 그 이후, 그러니까 5월 24일 아침 코숑이 사형 선고를 공포하기 시작하자, 나는 코숑의 말을 가로막고 교회가 하라는 대로 하겠다고 서명했습니다.

이대로 변호사　　자, 여기에 잔 다르크 당신이 서명한 문서가 있습니다. 제가 읽어 볼 테니 모두들 잘 들어 보세요.

"일명 '퓌셀'이라 불리는 가련한 죄인인 나 잔 다르크는 내가 저지른 엄청난 죄과를 인정하고 성스러운 우리 어머니 교회의 품으로 돌아갈 것이며, 거짓으로가 아니라 진심으로 그리할 것입니다. 나는 거짓말로 하느님과 천사들, 성 카트린과 성 마르그리트로부터 계시를 받고 환영을 본 것처럼 꾸며 댐으로써 중대한 죄를 범하였음을 고백합니다. 또한 교회를 거스르는 나의 모든 언동들을 취소하며, 교회와 한 몸이 되어 다시는 갈라서지 않기를 원합니다.”

그러나 잔 다르크 당신은 다시 남자 옷을 입었지요? 왜 그랬나요? 누가 그렇게 하라고 시켰나요?

잔 다르크　　내 스스로의 뜻으로 그리한 것이지 어느 누가 시킨 것이 아닙니다. 나는 여자 옷보다 남자 옷이 더 좋았습니다.

이대로 변호사　　다시는 남자 옷을 입지 않겠다고 약속하고 서약하지 않았던가요?

잔 다르크　　남자 옷을 다시 입지 않겠다고 맹세한 적은 없습니다.

이대로 변호사　　무슨 이유로 남자 옷을 입었습니까?

잔 다르크　　남자들과 함께 있는 만큼 여자 옷보다 남자 옷을 입는 것이 더 적절하고 안심이 되었기 때문입니다. 또한 사람들이 내가 미사를 보게 하여 구세주를 영접하게 해 주고 족쇄를 풀어 주겠다고 한 약속을 지키지 않았기 때문에 다시 남장을 했습니다. 내가 여자 옷을 입고 있을 때 영국인들이 감옥에서 제게 못된 짓과 폭행을 일삼았습니다. ……결국 순결을 지키기 위해서 어쩔 수가 없었습니다.

이대로 변호사　　다른 이유는 없었나요?

코숑　　잔 다르크는 다시 음성을 들었다고 했습니다. 그 내용이 무엇인지 물어봐야 합니다.

잔 다르크　　그분들을 통해 하느님께서 이르시길, 내 목숨을 부지하고자 진술을 번복하고 취소하는 데 동의했으니 크나큰 형벌의 위험에 놓였으며, 목숨을 건지기 위해 스스로를 저주했다고 하셨습니다.

당시에는 오로지 형벌이 두려웠고, 사람들의 강요로 말을 번복하기는 했지만 하느님께서 나를 보내신 것은 분명하며, 스스로 신앙에 어긋나는 어떠한 일도 결코 한 적이 없습니다. 더구나 나는 그 번복 자술서에 담긴 내용을 이해하지도 못했습니다. 내가 번복하는 것이 하느님께 흡족치 않다면 나는 아무것도 번복할 생각이 없었습니다. 어쩔 수 없이 여자 옷을 다시 입었더라도 그 이상의 다른 일은 하지 않았을 것입니다.

이대로 변호사　여러분, 잘 들으셨습니까? 잔 다르크는 자신이 했던 말을 전부 뒤집었습니다. 어떻게 그녀의 말을 믿겠습니까? 그러니 유죄를 받아 마땅하지요.

잔 다르크　하지만 내가 어떻게 했어도 당시에 그 사람들은 나를 옥에 가두었을 것입니다.

판사　그렇게 해서 재판이 끝났습니까?

코숑　그렇습니다. 5월 29일 잔 다르크에 대한 판결이 내려졌습니다. 잔 다르크에게 마녀의 성질이 재발했으니, 세속 권력에 넘겨서 화형에 처하겠다는 것이었습니다.

잔 다르크　다음 날 코숑 주교가 찾아왔을 때, "주교님이 나를 죽이시는군요"라고 외쳤습니다.

종교 재판의 재현 과정을 지켜보던 김딴지 변호사가 한숨을 내쉰 뒤 마무리를 하기 위해 나섰다.

김딴지 변호사　　1431년 5월 30일 아침 9시쯤 영국 병사 80여 명이 원고를 묶고 루앙의 시장으로 끌고 갔습니다. 설교와 판결문 낭독이 있었고, 이후 원고는 기도를 올렸습니다. 뒤이어 원고는 화형 틀에 올랐고 곧 불길이 솟아올랐지요. 그의 뼛가루는 센 강에 뿌려졌습니다.

　　왜 잔 다르크는 백년전쟁을 이끌었을까?

잔 다르크에 대한
후세의 평가는 어떠했을까?

2

판사   원고에 대한 종교 재판을 매우 생생하게 보고 들었습니다. 결국 원고는 화형을 당했군요.

김딴지 변호사   꼭 그런 것도 아닙니다. 잔 다르크가 화형당했다고 한 뒤에도 잔 다르크가 나타났습니다. 잔 다르크가 워낙 거룩하여 불길을 이겨 내고 살아남았다는 소문도 있고요.

이대로 변호사   그건 소문일 뿐입니다. 자신이 잔 다르크라고 자처한 여인이 있기는 했어요. 1436년에 나타난 클로드라는 여자예요. 원고의 친형제들까지 속이고 4년 동안이나 잔 다르크 행세를 했습니다. 그렇지만 결국 가짜임이 들통났지요.

김딴지 변호사   그건 제쳐 두더라도, 원고는 1456년에 마녀를 면하게 되었어요. 그러니 마녀가 아닌 게 확실합니다.

가호
신이 힘을 베풀어 보호하고 도
와주는 것을 말합니다.

판사   그것에 대해 증언을 들을 수 있습니까?

김딴지 변호사   네. 샤를 7세를 증인으로 불러 주십시오.

판사   증인은 나와 주세요.

김딴지 변호사   원고에게서 마녀라는 오명을 벗겨 준 과정을 말씀해 주시겠습니까?

샤를 7세   내가 지시하여 재판이 다시 이루어졌습니다.

김딴지 변호사   왜 재판을 다시 하라고 했습니까?

샤를 7세   내가 한낱 시골 '양치기 소녀'의 도움으로 왕위에 올랐다면 체면이 말이 아니겠지요? 게다가 잔 다르크가 종교 재판에서 '마녀'로 판명받았으니, 저로서는 그 사실이 제발 감춰지기를 바랐지요. 그 대신 내가 신의 **가호**를 받고 있다는 것을 알리고 싶었습니다. 그러나 종교 재판에서는 국왕이라고 하더라도 판결을 무효화할 수는 없었습니다. 대신 재판을 다시 하도록 지시할 수는 있었어요. 그래서 파리 대학 학장에게 다시 재판할 것을 지시하였습니다.

김딴지 변호사   말하자면 재심이군요. 원고가 이미 화형당하고 없는데, 재판은 어떻게 진행되었나요?

샤를 7세   잔 다르크뿐만 아니라 피에르 코숑도 이미 사망한 뒤였습니다. 게다가 재심이란 지난번 재판이 잘못되었다는 것을 전제로 하는 것입니다. 즉 재심을 시작하면 영국군에게 책임이 뒤집어씌워질 것입니다. 또한 지난번 재판이 종교 재판이었으므로 교황청 역시 잔 다르크를 마녀로 만든 책임을 면하기 어려울 것이었죠. 그래서 교황청은 그것을 지지할 수 없었습니다.

김딴지 변호사　　그러면 원고의 가족이 교황에게 다시 재판해 달라고 청원하면 되지 않았을까요? 그러면 교황청으로서는 재판을 잘못하지는 않았으나 원고가 인간적으로 불쌍하니 은총을 베풀어 그의 권리를 다시 회복시켜 주는 재판을 할 수 있지 않겠느냐는 것이지요.

샤를 7세　　그렇습니다. 그래서 내가 잔 다르크의 어머니 이자벨 다르크에게 지시하여 교황에게 청원하도록 했어요. 그래서 1455년에야 잔 다르크의 권리를 복권시켜 주는 재판이 시작되었습니다. 그 재판에서는 피에르 코숑을 비롯해서 이미 죽은 사람들만 피고가 되었고, 그 재판에 참여했던 나머지 배심원과 배석 판사들은 모두 증인으로만 채택되었습니다.

판사　　올바른 재판 절차라고 보기 어렵군요.

샤를 7세　　아니, 그러면 판사님은 잔 다르크가 마녀라고 생각하십니까? 마녀가 아닌 게 명백하기 때문에 절차상 문제가 있다고 하더라도 그대로 진행시킨 것이지요. 그 재판은 잔 다르크가 마녀가 아니라는 것을 입증하는 것이 목표였습니다. 그리하여 어렸을 때부터의 잔 다르크의 품행과 신앙에 대한 증언이 계속되었습니다.

김딴지 변호사　　제가 자세히 설명드리지요. 먼저 원고와 같은 마을에 살던 사람들이 증언을 했습니다. 무려 34명이나 되었어요. 원고의 친구들은 원고가 부지런했고 겸손했고 자애로웠고 경건했다고 증언했습니다. 그리고 다른 친구는 원고가 자신들이 뛰어놀 때조차도 한편에서 기도를 올릴 정도로 경건했다고 증언하기도 했습니다. 그 이후에 배석 판사들이 증언했습니다. 이 사람들은 기억이 나지

복자

죽은 사람의 덕행과 신앙을 증거하여 공경의 대상이 될 만하다고 교황청에서 공식적으로 지정하여 발표한 사람을 높여 이르는 말입니다.

않는다거나 개인적으로는 무죄라고 생각하고 있었다고 말했습니다. 혹은 마지못해 서명했다고도 하고요.

판사　　비겁하군요.

김딴지 변호사　　심지어 루앙에서 처음 재판이 있을 당시 파리 대학 학장이었던 자는 원고의 처벌에 동의하지 않았다고 거짓말까지 했습니다. 어떤 주교는 재판에 참석했는지조차 기억나지 않는다고도 했고요.

판사　　여기 제출된 증거가 있습니다. '잔 다르크 복권 재판 판결문'이고 날짜는 1456년 7월 7일로 되어 있군요. 제가 읽어 보겠습니다.

"지난번 재판과 판결은 거짓과 중상과 악의와 모순으로 가득하고, 법안과 사안을 다룸에 있어 누가 보아도 분명한 오류를 범했기에, 그 재판 판결은 전에도 효력이 없었고 앞으로도 효력이 없다. 그러므로 우리는 과거의 그 재판을 폐기하며 무효를 선언하는바, 잔 다르크는 비방과 흠집에서 깨끗해졌다."

김딴지 변호사　　그럼에도 불구하고 교황청은 침묵했습니다. 1909년이 되어서야 교황 비오 10세가 원고를 복자에 올렸고, 1920년 5월 16일 교황 베네딕토 15세가 성인으로 추대하기에 이르렀습니다.

판사　　그렇다면 원고가 성녀가 된 이후에는 원고에 대한 논란이 사라졌나요?

김딴지 변호사　　천만의 말씀입니다. 중요한 사건이 있을 때마다 등장했지요. 16세기 후반 신교와 구교가 싸울 때 신교도의 눈에는 우상 숭배로, 구교도의 눈에는 수호 성녀로 여겨졌어요. 18세기 계몽

사상가들은 잔 다르크를 바보나 협잡꾼, 또는 사기꾼이라고 했어요.

판사　지금 우리가 알고 있는 이미지와 다르군요.

김딴지 변호사　원고가 이러한 편협한 이미지에서 벗어나 프랑스의 수호 성녀가 된 것은 나폴레옹 때의 일입니다. 나폴레옹은 잔 다르크가 국가의 독립이 위협받을 때마다 등장하는 수호신이라고 했습니다. 한마디로 ▶잔 다르크는 조국의 영광을 이룩하려는 애국심으로 가득 찬 '여자 나폴레옹'이었습니다.

판사　프랑스 '왕'의 구원자가 프랑스 '국민'의 구원자가 된 셈이로군요. 그리고 나폴레옹은 군사적 승리를 바탕으로 프랑스의 통합을 이루었던 원고의 이미지를 이용한 셈이고요. 그렇다면 원고는 항상 필요에 의해 이용되는 사람이었군요.

김딴지 변호사　아닙니다. 19세기에 들어서 역사학의 발전에 힘입어 실증적인 연구가 이루어졌습니다. 쥘 키슈라라는 학자와 쥘 미슐레라는 학자가 큰 기여를 했지요. 원고의 이미지가 결정적으로 변한 것은 1840년대입니다. 쥘 키슈라는 1841년에서 1849년까지 원고에 관련된 재판 서류를 2500쪽이 넘는 문헌으로 발간하는 동시에 원고가 살던 시대에 작성된 연대기와 편지 등을 함께 정리했습니다. 역사학자 쥘미슐레는 역사의 진정한 주인이 민중인데 잔 다르크는 민중의 딸이라고 했습니다. 그리하여 잔 다르크는 민중적·애국적 영웅이 되었습니다. ▶▶잔 다르크는 오직 애국심에 이끌려서 나라를 구하기 위해 나선 것이며, 환영이나 음

교과서에는

▶ 백년전쟁의 초기에는 영국이 우세하였으나, 잔 다르크의 활약으로 프랑스가 승리하였습니다.

▶▶ 백년전쟁은 프랑스에 두 가지 이득을 주었습니다. 그 중 하나는 영국으로부터 영토를 회복한 것이고, 다른 하나는 잔 다르크로 상징되는 새로운 국민 의식이 싹튼 것이지요.

성이란 양심과 애국심에서 우러나온 내면의 소리였다는 것이지요. 또한 왕이 잔 다르크에 대해 무심한 것은 지배층이 이기심만을 가지고 있음을 나타내는 증거라고 했습니다. 이때의 잔 다르크는 민중의 딸입니다. 이러한 애국적 이미지는 주로 시민 계급이나 좌파에게서 발견됩니다.

이와 달리 가톨릭교회는 원고의 신성함과 기적에 초점을 맞추어 기독교의 성녀로 만들고자 했습니다. 그리하여 1869년 12명의 고위 성직자들이 교황 비오 9세에게 잔 다르크를 성녀로 만들어 달라고 청원했고, 1874년부터 잔 다르크를 성녀의 반열에 올리는 것이 타당한지 검토가 시작되었습니다. 결국 잔 다르크는 두 개의 이미지로 기억되기 시작했습니다. 하나는 조국의 수호자이자 민중의 딸로서이며, 다른 하나는 가톨릭교회의 성녀로서입니다.

판사 그렇다면 잔 다르크에 대한 평가는 그렇게 두 가지입니까?

김딴지 변호사 크게 보면 그렇지만, 자세한 연구에 바탕을 둔 여러 가지 주장들이 동시에 존재합니다. 대표적인 것이 잔 다르크가 샤를 6세의 왕비인 이자보 드 바비에르와 시동생이었던 오를레앙 공작 루이 사이에서 태어난 사생아라는 주장이지요. 말하자면 간통과 근친상간으로 태어난 아이라서 숨겨져 자랐다는 것입니다.

판사 좀 황당하군요. 근거가 있습니까?

김딴지 변호사 직접적인 증거는 없으며 기껏해야 정황 증거만 있습니다. 가설 수준의 주장이지요. 그러나 이러한 주장이 1930년대에 다시 일어났고 오늘날까지도 주장되고 있습니다. 1930년대에는 잔 다르크가 자신의 출생의 비밀을 알고 있었으며, 왕실에서 미리 조국을 구할 준비를 시켰다는 주장까지 나오게 됩니다. 특히 원고의 별명이 '오를레앙의 처녀'인 것은 오를레앙 공작, 즉 자신의 아버지의 지원을 받았기 때문이라고 주장하고 있습니다. 더욱 믿기 어려운 주장은, 왕실이 영국군과의 전투에 대비해 원고에게 훈련을 시켰다는 대목이지요. 시골에서 농사짓고 양을 치던 소녀가 갑자기 30킬로그램이 넘는 무거운 갑옷을 입고 전장을 누빌 수 있었던 것은 이처럼 미리 군사 훈련을 받았기 때문에 가능했다는 것이지요. 1950년대에는 '잔 다르크 공주'가 화형당하지 않고 마지막 순간에 바꿔치기되었다는 설까지 나왔습니다.

판사 다른 증거는 없습니까?

김딴지 변호사 1450년대에 이루어진 잔 다르크의 복권 재판에서 동네 사람들이 모두 잔 다르크의 나이를 '대충 열아홉'이라고 했는데, 어떻게 동네 사람들이 한결같이 나이를 모를 수 있냐고 하면서 그것은 잔 다르크가 어느 날 갑자기 마을에 나타났음을 뜻한다는 것입니다. 즉, 왕비가 다른 곳에서 낳아서 데려오다 보니 갑자기 나타났다는 것이지요.

판사 아무리 생각해 봐도 그러한 주장은 허점투성이군요. 샤를 6세의 왕비인 이자보 드 바비에르와 시동생 사이에서 아이가 태어나려면 열 달 동안 왕비의 임신 사실을 다른 사람들이 철저히 몰라야 하는데, 그 비밀이 그토록 완벽하게 지켜졌을 거라고는 믿기 어렵네요. 그렇다면 잔 다르크에 대한 평가는 크게 보아 두 가지로군

좌파
어떤 단체나 정당 따위의 내부에서 진보적이거나 급진적인 경향을 지닌 파를 가리킵니다.

우파
좌파와 달리 어떤 단체나 정당 따위의 내부에서 보수주의적이거나 온건주의적 경향을 지닌 파입니다.

요. 맞습니까?

김딴지 변호사   그렇습니다. 민중의 딸임을 강조하는 사람들은 단어 선택에서 알 수 있듯이 주로 새로운 가치를 중요시하는 좌파였습니다. 이에 비해 잔 다르크가 성녀임을 강조하는 사람들은 전통적인 가치를 중요시하는 우파였어요.

판사   잔 다르크에 대한 이미지나 지지 세력이 항상 그처럼 분열되어 있었나요?

김딴지 변호사   아닙니다. 제1차 세계 대전으로 프랑스가 침략당하자 좌파건 우파건 외국 세력에 대한 저항을 주장했고, 이러한 저항의 상징으로 가장 적합한 인물이 잔 다르크였습니다. 1920년에 잔 다르크가 성인이 된 것은 제1차 세계 대전의 승전국인 프랑스와 우호적 관계를 유지하려는 로마 교황청의 외교적인 희망도 작용했다고 할 수 있습니다.

판사   그러면 잔 다르크에 대한 평가가 다시 통일되었나요?

김딴지 변호사   제1차 세계 대전에서 보여 준 단결은 일시적인 것에 불과했습니다. 제2차 세계 대전이 시작되고 프랑스가 독일에게 패배하자 사정이 달라졌어요. 독일과의 협상에 의해 세워진 비시 정부는 잔 다르크야말로 '대지의 딸이자 선량한 프랑스 농부의 딸'이므로 썩은 문명에 물든 유대인들에 맞서서 전통적·농촌적·가톨릭적 가치를 구현할 수 있는 귀감이라고 했습니다. 더욱이 1944년 4월 연합군이 프랑스 북부 도시인 루앙을 폭격하자, 잔 다르크가 불바다

잔 다르크는 조국의 수호자와 성녀라는 두 개의 이미지로 기억되고 있습니다.

가 된 시가지에서 화염에 휩싸인 채 신음하고 있는 포스터가 시내에 붙었습니다. 루앙은 원고가 종교 재판을 받았던 도시이며, 연합군의 폭격기는 원고를 마녀로 몰아세운 영국에서 출발한 것이었습니다. 심지어 원고의 재판을 주재했던 코숑에 대해서 유대인 혈통이며 영국의 앞잡이라고까지 했지요. 그야말로 친독일적인 잔 다르크 이미지였습니다. 비시 정부가 독일에 협력했기 때문에 잔 다르크 역시 그런 모습을 갖게 되었던 것이지요.

레지스탕스
권력이나 침략자에 대한 저항이나 저항 운동을 가리킵니다. 그 중에서도 특히 제2차 세계 대전 중 프랑스에서 있었던 지하 저항 운동을 이르지요.

판사   프랑스에서는 당시 독일의 지배에 저항하는 레지스탕스 활동이 활발하지 않았나요?

김딴지 변호사　　물론 레지스탕스 운동도 있었고, 런던에는 드골 장군이 이끄는 임시 정부도 있었습니다. 이들은 원고를 외세의 지배에 저항한 자유의 투사요 불굴의 저항자로 묘사했습니다. 비시 정부는 드골 장군을 영국의 조종을 받는 현대판 코숑이라고 매도했지만, 프랑스 사람들 눈에 드골 장군은 오히려 잔 다르크의 저항 정신을 고스란히 이어받은 정통 상속자로 비쳤습니다. 그리고 드골 장군이 이끄는 임시 정부인 '자유 프랑스'는 샤를 7세가 남부 프랑스만을 통치했던 시절을 연상시켰지요.

판사　　전쟁 중에는 분열되어 있었다고 하더라도, 전쟁 이후에는 이미지가 하나로 모아졌나요?

김딴지 변호사　　제2차 세계 대전 이후에는 잔 다르크가 등장해야 할 만한 '조국의 위기'가 없었습니다. 그리하여 한동안 잔 다르크는 기억에서 잊히는 듯했습니다. 그런데 1980년대부터 국민전선이라는 극우파들이 '순수한 프랑스 인들'의 지도자로서 잔 다르크를 받들기 시작했습니다. 물론 공식적으로, 그리고 대다수 프랑스 사람들은 잔 다르크를 관용과 국민 화합의 상징으로 받아들이고 있습니다.

다른 나라에서는 잔 다르크를
어떻게 평가했을까?

판사   듣자 하니 잔 다르크가 프랑스가 아닌 외국에서도 출현했다는 이야기가 있어서, 그 이야기의 사실 여부를 확인하려고 합니다.

이대로 변호사   프랑스가 아닌 곳에서 잔 다르크가 가장 먼저 나타난 나라는 영국입니다. 영국의 대문호 셰익스피어조차 연극 〈헨리 6세〉에서 잔 다르크에게 '마녀', '점쟁이', '요술쟁이' 등 온갖 욕설을 퍼부었습니다. 그렇지만 19세기에 들어서 영국 사람들은 먼 옛날 조상들이 일으킨 백년전쟁이 부당한 전쟁이었음을 시인하고 불의에 맞서 싸운 잔 다르크의 애국심을 찬양했습니다. 특히 백년전쟁 당시 프랑스 편이었던 스코틀랜드 출신의 작가들은 더더욱 그랬지요. 20세기에 들어서는 두 번의 세계 대전에서 같은 편이 됨으로써 '참회'하려는 경향이 더욱 강해졌습니다.

김딴지 변호사 독일에서는 실러라는 작가의 연극 〈오를레앙의 처녀〉에 잔 다르크가 주인공으로 등장합니다. 하지만 실제와는 달리 여기서 잔 다르크는 뒤누아 백작의 구애를 뿌리치고 하느님이 명령하신 일, 즉 나라를 구하는 일을 하는 순결한 성녀로 나옵니다. 실러에 의해서 애국심을 가진 성녀 잔 다르크가 본격적으로 등장했지요.

판사 유럽 말고 다른 곳에서는 어땠나요?

김딴지 변호사 잔 다르크는 미국에서도 인기였습니다. 독립 전쟁을 할 때에는 영국에 맞서 싸운 독립 투사의 이미지였고, 남북 전쟁 때에는 남군과 북군 모두 자신들에게 유리하게 해석하기도 했지요. 『톰 소여의 모험』, 『허클베리 핀의 모험』 등으로 잘 알려진 미국 소설가 마크 트웨인은 소설에서 잔 다르크를 용기 있고 순수한 여성, 인류 역사상 가장 비범한 인물로 표현했습니다. 두 차례의 세계 대전 때에는 미국에서도 잔 다르크가 애국심의 화신으로 등장하여 전쟁 참여를 독려했습니다. 또한 멀리 아시아 동쪽 끝에 있는 일본에서도 잔 다르크는 인기가 높았어요. 왕 제도가 유지되고 있는 일본에서는 잔 다르크가 국왕과 조국에 충성을 다한 인물로 묘사되었지요.

그러나 아무래도 잔 다르크는 외국의 침략을 받은 국가에서 더욱 널리 추앙받는 경향이 있었습니다. 특히 19세기 말과 20세기 전반기에 유럽 여러 국가들에 의해 제국주의 지배가 확산됨에 따라 독립을 열망하던 나라들에서 민족 해방의 투사로서 잔 다르크가 등장했습니다. 그 대표적인 예가 한국이지요. 한국에는 잔 다르크를 빼닮은 독립투사가 있는데요, 바로 3·1 운동 때 만세 시위를 주도했던 유관순이지요. 프랑스에서 잔 다르크 연구의 최고 권위자인 레진 페르누는 잔 다르크와 가장 유사한 인물로 유관순을 꼽았다고 합니다.

판사   설명 잘 들었습니다.

오늘 재판에선 원고에 대한 종교 재판 과정과 사후의 복권, 원고에 대한 여러 가지 평가들을 살펴보았습니다. 잠시 휴정한 후 원고와 피고의 최후 진술을 듣고 재판을 마치겠습니다.

다알지 기자

저는 지금 잔 다르크의 명예 회복 재판이 열린 세계사법정 현장에 나와 있습니다. 원고와 피고 사이에 치열한 공방이 펼쳐진 세 번의 재판 중 특히 마지막 날인 오늘은 잔 다르크가 억울하다고 주장하는 종교 재판을 재현해 보았습니다. 이 재판에서 대주교 피에르 코숑은 잔 다르크를 직접 신문하듯이 질문을 퍼부었으며 잔 다르크 역시 매우 교묘한 대답으로 코숑의 질문을 피해 갔습니다. 피고 코숑을 비롯한 재판관들이 원고 잔 다르크를 마녀로 몰아세웠고, 잔 다르크는 자신이 마녀가 아니라고 주장했지요. 아울러 오늘 심리에서는 이후 프랑스를 비롯한 전 세계에서 잔 다르크에 대해 어떻게 평가하는지 들어 보았습니다. 최후 진술과 판결을 앞두고, 끝까지 팽팽하게 맞섰던 원고 잔 다르크와 피고 피에르 코숑의 현재 소감을 들어 보겠습니다.

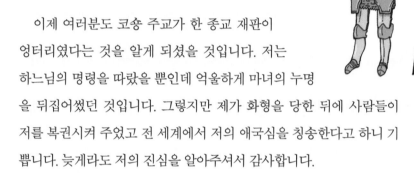

잔 다르크

이제 여러분도 코숑 주교가 한 종교 재판이
엉터리였다는 것을 알게 되셨을 것입니다. 저는
하느님의 명령을 따랐을 뿐인데 억울하게 마녀의 누명
을 뒤집어썼던 것입니다. 그렇지만 제가 화형을 당한 뒤에 사람들이
저를 복권시켜 주었고 전 세계에서 저의 애국심을 칭송한다고 하니 기
쁩니다. 늦게라도 저의 진심을 알아주셔서 감사합니다.

피에르 코숑

당시 저는 재판을 공정하고 기독교의 교리에 맞게 진행하려고 노력했습니다. 저는 교회 조직을 보호해야 했으며, 교회가 주관하는 종교 재판을 잘 마침으로써 교회의 권위를 드높여야 했어요. 잔 다르크가 본 것은 하느님의 계시가 아니라 본인의 환상입니다. 중세 시대에는 그러한 환상을 보는 사람들이 많았는데, 잔 다르크도 그중 한 명이었습니다. 문제는 그러한 환상을 환상이라고 인정하지 않은 데에서 시작됩니다. 잔 다르크가 자신이 보고 들은 것이 하느님의 계시이며 명령이라고 끝까지 주장하지만 않았어도 그를 화형시키는 일은 없었을 겁니다. 그러니 마녀로 판결받고 화형을 당한 책임은 바로 잔 다르크 자신에게 있습니다.

왜 잔 다르크는 백년전쟁을 이끌었을까?

하느님의 말씀과 저의 신념에 따라
행동했습니다
VS
자신이 들은 음성이
잘못되었다고 인정하기를 바랐습니다

판사　이제 원고 잔 다르크와 피고 피에르 코숑의 최후 진술을 듣고 판결을 내리도록 하겠습니다. 두 분은 신중하게 진술해 주십시오. 피고가 먼저 말씀하시지요.

피에르 코숑　먼저 오랜 시간 동안 재판 과정을 지켜보신 방청객 그리고 배심원 여러분, 감사합니다. 아울러 이 세계사법정에서 저의 입이 되어 열변을 토하신 이대로 변호사께도 고마움을 전합니다. 저는 잔 다르크가 하느님의 음성을 들었다고 주장하지 않았다면 그녀에게 마녀라는 혐의를 뒤집어씌우지 않았을 것입니다. 시골 처녀가 어떻게 하느님의 음성을 듣고 그것을 하느님의 말씀으로 확신할 수 있었는지 궁금했습니다. 가톨릭 사제인 저로서는 당연한 일 아니겠습니까? 그래서 잔 다르크에게 그것을 입증할 기회를 준 것입니다.

물론 재판을 통해서 명성을 얻으려고 했던 제 욕심이 없었다고 하기는 힘들지만……. 저는 끝까지 잔 다르크가 가톨릭의 교리를 인정하고 자신이 들은 음성이 잘못되었다고 인정하기를 바랐습니다. 그렇게 했으면 마녀라는 딱지를 붙이지도 않았을 것이고, 화형을 시키지도 않았을 것입니다. 생각해 보십시오! 하느님이 어떻게 한 나라의 편을 든다는 말입니까! 프랑스 사람들의 목숨은 중요하고 영국군의 목숨은 중요하지 않습니까? 정말 하느님의 말씀이라면 전투를 하기보다는 평화로운 방법을 주문하지 않았을까요? 기독교에서는 수없이 많은 사람들이 폭력에 대해 폭력으로 맞서지 않고 순교를 택해 왔습니다.

어찌 되었든 나중에 마녀라는 딱지는 벗지 않았습니까? 듣자 하니 20세기에도 저 아이 잔 다르크를 내세워서 잔 다르크가 영국인들을 몰아냈듯이 외국인을 몰아내자는 주장을 하는 사람들이 있다던데, 저는 그런 사람들보다는 나아요. 왜 저만 피고여야 합니까? 20세기의 인종주의자들도 이 법정에 불러 세워야 합니다. 그래야 공정한 재판이 될 수 있습니다.

판사　원고, 말씀하세요.

잔 다르크　저는 억울하게도 마녀의 누명을 뒤집어쓰고 화형을 당했습니다. 저에게 죄가 있다면 프랑스와 프랑스 왕을 위해서 용감하게 싸운 것밖에 없습니다. 물론 그것은 프랑스를 침략한 영국에게는 피해를 입혔겠지요. 그렇다고 해서 제가 한 일을 마술이라고 하면서 저를 마녀로 몰아세워서는 안 되었다고 생각합니다. 저의 종교적 체험을 마술로 몰지 말고 정당하게 포로로 대우해 주었어야 합니다. 물론 제가 전투에서 영국군에게 피해를 입히기는 했지만, 그것은 제가 선택한 최후의 수단이었습니다. 저는 될 수 있으면 전쟁을 피하려 했어요. 저는 마술을 부린 것도 아니고 마녀도 아닙니다. 마녀의 혐의는 곧바로 벗겨지지 않았습니까? 그런데도 아직까지 저의 종교적 체험을 의심의 눈초리로 보는 사람들이 있는 것으로 알고 있습니다.

더 놀라운 것은, 제가 화형을 당한 다음에도 저를 필요로 하는 사람들이 많았다는 점입니다. 애국심을 불러일으키려는 사람, 빼앗긴 조국을 되찾으려는 사람, 힘 있는 자들의 지배에서 벗어나고자 하는 사람 등등……. 그런데 가장 혐오스러운 것은 외국인을 추방하는 데에 저를 이용하고 있다는 사실입니다. 그것도 가장 합리적인 시대라고 하는 21세기에 말입니다. 제가 보기에 21세기의 외국인 혐오는 제가 활약했던 15세기의 종교적 광신과 다를 바 없습니다. 저는 마녀도 아니고 외국인을 혐오하는 사람도 아닙니다. 저는 하느님의 말씀과 저의 신념에 따라 행동했습니다. 그리고 그것이 조국을 구한 것입니다.

지혜로우신 판사님, 그리고 배심원 여러분, 현명하신 판단으로 정당하게 평가해 주시기를 부탁드립니다.

판사 두 분 말씀 잘 들었습니다. 지금까지 3차에 걸친 법정 공방과 최후 진술까지 마치느라 원고 측과 피고 측 그리고 배심원 여러분 수고 많으셨고, 방청객 여러분도 자리를 뜨지 않고 경청해 주셔서 감사합니다. 배심원의 판결서는 한 달 후에 저에게 전달될 예정입니다. 배심원의 판결 결과는 공개하지 않으며, 법관의 판결은 배심원의 의견에 구속되지 않습니다. 저는 배심원들의 판결서를 참고하여 판결 내용을 공개하겠습니다. 그때까지 여러분도 본 사건에 대해서 바른 판결을 내려 보시기 바랍니다.

땅, 땅, 땅!

역사공화국 세계사법정 재판 번호 25 잔 다르크 VS 피에르 코숑

주문

역사공화국 세계사법정은 잔 다르크가 피에르 코숑을 상대로 제기한 '올바른 역사적 평가'에 관한 청구에서 원고 일부 승소 판결을 내린다.

판결 이유

영국 왕실은 부당하게 전쟁을 일으키고 전세가 불리해지자 그 책임을 잔 다르크에게 덮어씌웠다. 잔 다르크는 프랑스 군대에게 하느님의 뜻을 전달함으로써 사기를 북돋웠고 그로 인하여 프랑스가 전세를 역전시키고 마침내 영국 군대를 프랑스 땅에서 몰아낼 수 있도록 했다. 한마디로 '애국심으로 충만한 성 처녀'라는 별명이 붙을 만하다. 그녀의 활약이 없었다면 오늘날 프랑스는 전혀 다른 모습이었을 것이다. 피에르 코숑은 이러한 애국 처녀 잔 다르크를 종교 재판에 세워 마녀라고 판결 내린 뒤 화형에 처했다. 물론 종교 재판에서 보았듯이 잔 다르크가 하느님의 음성에 따라 명령을 수행했을 뿐이라고 한 주장을 입증할 방법은 없다. 그렇다고 해서 마녀라는 증거 또한 없는 것이 사실이다. 따라서 그것은 강한 자기 확신에 따라 사실인 것으로 여

기게 되는 일종의 자아도취와 같은 상태라는 중립적인 견해를 따름이 마땅하다.

한편 피에르 코숑의 부당한 판결로 인하여 마녀로 지칭된 잔 다르크는, 후일 복권이 되고 마침내 성녀의 반열에 오르기는 하였으나 이 과정에서 표출된 극단적인 주장들로 인하여 피해를 보았음이 인정된다. 즉 한편에서는 기적을 행한 성녀로서 추앙받고, 다른 한편에서는 조국을 구한 민중의 딸로 일컬어지고 있다. 이 두 견해 모두 잔 다르크의 모습인 것은 사실이지만, 양쪽 모두 잔 다르크가 보여 준 여러 가지 성격 중 한 부분만을 강조하고 있다고 할 수 있다. 따라서 앞으로는 양쪽의 주장을 혼합하여 신중하게 판단해 주기 바란다.

역사공화국 세계사법정 담당 판사 공정한

"세간의 편견 때문에
억울함을 겪는 일이 없어야 해요"

봄에 시작된 재판이 끝나고, 창밖에서는 가을 나무들이 떨군 잎사귀들이 오소소오소소 바람에 휩쓸려 다닌다. 김딴지 변호사는 사무실에서 지난 소송의 서류들을 정리하고 있었다. 잔 다르크 관련 사진 파일을 열어 보다가 그중 황금빛이 눈부신 루브르 박물관의 동상 사진에 눈이 멎었다. 지난 재판 과정이 주마등처럼 스쳐 지나갔다.

그런데 그때 사진이 마치 이야기하는 듯했다.

"이봐요, 김딴지 변호사! 고마워요. 당신 덕분에 앞으로 나는 올바르게 평가받을 수 있을 겁니다. 모두 선생님 덕분이죠."

"뭘요. 그게 바로 제 일인데요."

"하지만 아직 끝나지 않았어요. 사람들은 항상 극단적인 평가를 좋아하거든요. 그러니 항상 경계심을 가지고 균형을 잡기 위해 노력

해야 해요. 김 변호사님이 하시는 일도 그 한 부분이라고 생각되는
데요."

"듣고 보니 그렇기도 하네요."

"세간의 편견 때문에 억울함을 겪는 이들이 없도록 지금처럼 늘
노력해 주세요. 부탁해요."

"네, 그렇게 하겠습니다."

부탁한다는 말을 끝으로 잔 다르크의 '음성'은 사라졌다.

시계가 6시를 지나고 있었으므로 김딴지 변호사는 퇴근을 서둘렀
다. 소송에서 이겼건 졌건, 자신에게 사건을 의뢰한 사람이 소송이

끝난 뒤 찾아와서 진심으로 고맙다고 말 한마디를 해 줄 때 변호사로서 가장 보람을 느낀다.

서둘러 지하철을 향해 걷는데 헌책방이 눈에 띄었다. 헌책방이야 항상 그 자리에 있었지만, 오늘 그 헌책방이 눈에 띈 것은 책방 앞에 놓여 있는 책 한 권 때문이었다.

『짠딱크와 유관순』.

'유관순'이라는 이름이 없었다면 지나칠 뻔했다. 유관순이라는 이름 덕택에 '짠딱크'가 누구인지 알 수 있었다. 그 책을 집어 들었다. 1954년 '풍국문화사'라는 출판사에서 발행한 책이었다.

'1954년이면 6·25 전쟁 직후이니 애국심이 필요한 때였겠구나.'

김딴지 변호사는 나라를 위해 목숨을 바친 두 소녀를 떠올리며 생각에 잠긴 채 천천히 걸음을 옮겼다.

'이번 일요일에는 아이들하고 독립 기념관에라도 가 봐야겠다. 거기서 아이들에게 유관순과 잔 다르크에 대해 설명해 줘야지.'

잔 다르크의 도시, 프랑스 오를레앙

백년전쟁 당시 잔 다르크는 어떤 '음성'을 들었는데, 이 음성에는 영국에 포위당한 도시 오를레앙을 구하라는 내용이 담겨 있었습니다. 그래서 잔 다르크는 군대를 이끌고 오를레앙으로 달려갔고, 덕분에 오를레앙은 반년 동안의 포위에서 벗어날 수 있었습니다. 이러한 역사 때문에 지금도 사람들은 잔 다르크 하면 오를레앙을, 오를레앙 하면 잔 다르크를 떠올리곤 합니다.

오를레앙은 프랑스의 루아르 강 북쪽에 있으며, 파리 남쪽으로 116킬로미터쯤에 있습니다. 경치가 뛰어난 곳으로 시내의 중심 광장인 마르트루아 광장에는 말을 탄 잔 다르크의 동상이 우뚝 서 있습니다. 지금이라도 말발굽 소리를 울리며 군대를 지휘할 것 같은 용맹한 모습이지요.

마르트루아 광장에 있는 잔 다르크 동상

광장의 동쪽으로 500미터 떨어진 곳에는 고풍스러운 성당이 있습니다. 1287년에 지어진 건물로 이후 화재를 입었는데 1601년에 다시 지어졌다고 합니다. 이 성당의 유리창을 장식한 스테인드글라스가 인상적인데, 여기에서도 잔 다르크의 모습을 찾아볼 수 있습니다. 바로 잔 다르크의 일대기와 화형식을 묘사한 작품이 있기 때문입니다.

뿐만 아니라 광장에서 멀지 않은 곳에는 잔 다르크의 집이 있는데, 15세기에 지어진 건물로 오를레앙 전투 기간 동안 잔 다르크가 머물렀다고 전해집니다. 파손된 것을 20세기 중반에 다시 건축하였지요. 집 앞에는 잔 다르크와 관련된 여러 자료를 전시하고 있습니다.

백년전쟁 당시 잔 다르크에 의해 해방을 맞이한 것을 기념하여 매년 4월 말에서 5월 초에 성대한 축제가 열립니다. 축제 기간 동안 오를레앙 거리는 대형 깃발로 장식되고 각종 공연이 열립니다. 또한 당시 잔 다르크가 군대를 이끌고 오를레앙에 입성하던 것을 재현하여 당시의 복색을 갖추고 가장 행렬을 벌이기도 하지요.

찾아가기 프랑스 상트르 주 루아레 현

오를레앙에 있는 성당

잔 다르크의 일대기를 보여 주는
성당의 스테인드글라스

『역사공화국 세계사법정 25 왜 잔 다르크는 백년전쟁을 이끌었을
까?』와 관련한 논술 문제를 풀어 봅시다.

※ 다음 제시문을 읽고 물음에 답하시오.

14세기 장 프롱상트의 연대기에 기록된 백년전쟁의 전투 세밀화

프랑스 내부에 영토를 갖게 된 영국과 프랑스 사이에는 분쟁이 끊
이지 않았습니다. 그러던 중 왕위를 계승하는 문제로 인해 두 나라
사이의 대립은 더욱 심해졌지요. 영국 왕 에드워드 3세는 프랑스 경
제를 혼란에 빠뜨리기 위해 양모 수출을 중단하고, 이로 인해 유럽
최대의 모직물 공업 지대였던 프랑스의 플랑드르는 큰 타격을 받게

됩니다. 그리고 이로써 프랑스와 영국의 감정의 골은 깊어지고 전쟁이 시작됩니다. 1337년에 시작된 전쟁은 휴전과 전쟁을 되풀이하면서 116년 동안이나 끌었지요. 결국 1453년이 되어서야 끝난 이 전쟁이 바로 '백년전쟁'입니다.

1. 위의 글은 백년전쟁에 대한 내용입니다. 이 글을 보고 이 전쟁의 이름을 알맞게 지어 그 이유와 함께 쓰시오.

※ 다음 제시문을 읽고 물음에 답하시오.

(가) 영국과 프랑스 사이에서 벌어진 백년전쟁에서 프랑스를 승리로 이끌었던 잔 다르크는 종교 재판에서 마녀라는 판결을 받고 끝내 화형을 당하고 말았습니다. 중세 시대에는 이처럼 여성들이 마녀로 몰려 죽임을 당하는 일이 많이 일어났는데 이것을 '마녀 사냥'이라고 합니다.

헤르만 스틸케의 〈잔 다르크의 죽음〉

(나) 학교와 같은 집단 내에서 무리를 지어 어떤 한 사람을 소외시키고 반복적으로 무시하거나 폭력을 가하는 것을 '왕따'라고 합니다. 1995년경에 '매우, 진짜'의 의미로 '왕~'이라는 말을 덧붙이는 것이 유행했는데, '집단적으로 매우 따돌림을 당한다'는 의미로 왕따라는 말이 사용되기 시작하였습니다.

2. (가)는 마녀 사냥에 대한 내용이고, (나)는 왕따에 대한 내용입니다. (가)와 (나)의 공통점과 차이점에 대하여 쓰시오.

왜 잔 다르크는 백년전쟁을 이끌었을까?

해답 1 내가 생각하는 이 전쟁의 이름은 '영프 장기 전쟁'입니다. 먼저 전쟁을 실제로 치른 나라인 영국과 프랑스의 이름에서 첫 글자를 따서 '영프'라고 하였습니다. 그리고 116년 동안이나 전쟁을 하였기 때문에 오랜 기간 동안 전쟁을 하였다는 점을 부각하여 '장기 전쟁'이라고 이름을 붙였습니다.

해답 2 (가)는 잔 다르크가 살았던 중세 시대에 빈번했던 마녀 사냥으로 종교적인 의미가 담겨 있습니다. 하지만 (나)는 현대에 등장한 개념으로 종교적인 의미가 들어 있지 않은 것이 차이점입니다. 그러나 (가)와 (나)는 공통점이 있습니다. 바로 특정한 인물에게 엄청난 고통과 좌절을 준다는 점이지요. 자신이 생각하는 것과 다르다고 해서, 자신이 이해하지 못할 행동을 한다고 해서, 남들과 조금 다른 행동이 눈에 띈다고 해서 '마녀'라고 몰아 죽이고 왕따를 시키는 것은 올바른 행동이 아닙니다. 이렇게 마녀 사냥과 왕따는 집단이 개인에게 큰 고통을 준다는 점에서 공통점을 찾을 수 있습니다.

* 해답은 예시로 제시된 내용입니다.

왜 잔 다르크는 백년전쟁을 이끌었을까?

왜 잔 다르크는 백년전쟁을 이끌었을까?

역사공화국 세계사법정 25

왜 잔 다르크는 백년전쟁을 이끌었을까?

© 박용진, 2013

초판 1쇄 발행일 2013년 3월 14일
초판 5쇄 발행일 2022년 1월 12일

지은이   박용진
그린이   이일선
펴낸이   정은영

펴낸곳   (주)자음과모음
출판등록 2001년 11월 28일 제2001-000259호
주소   10881 경기도 파주시 회동길 325-20
전화   편집부 (02) 324-2347 경영지원부 (02) 325-6047
팩스   편집부 (02) 324-2348 경영지원부 (02) 2648-1311
이메일   jamoteen@jamobook.com

ISBN 978-89-544-2425-7 (44900)

과학공화국 법정시리즈 (전 50권)

생활 속에서 배우는 기상천외한 수학 · 과학 교과서!
수학과 과학을 법정에 세워 '원리'를 밝혀낸다!

이 책은 과학공화국에서 일어나는 사건들과 사건을 다루는 법정 공판을 통해 청소년들에게 과학의 재미에 흠뻑 빠져들게 할 수 있는 기회를 제공한다. 우리 생활 속에서 일어날 만한 우스꽝스럽고도 호기심을 자극하는 사건들을 통하여 청소년들이 자연스럽게 과학의 원리를 깨달으면서 동시에 학습에 대한 흥미를 가질 수 있도록 구성하였다.